歴史否定とポスト真実の時代

——日韓「合作」の「反日種族主義」現象

康 誠賢 著

鄭 栄桓 監修 古橋 綾 訳

Facing the 'Anti-Japan Tribalism' and Historical Denial in the Post-Truth Era
By Sung Hyun Kang

Japanese translation rights arranged with PURNYOKSA
through Eric Yang Agency, Inc and HonnoKizuna, Inc.

目次

第3部……資料と証言、歪曲したり奪い取ったりせず文脈を見る

日本語版への序文

「反日種族主義」という言葉が、韓国と日本で幽霊のように漂っています。『反日種族主義』（2019年）の主著者である李栄薫《イ・ヨンフン》が作った新造語です。韓国人は嘘の文化、物質主義とシャーマニズムにとらわれている種族であり、隣国日本への敵対感情を表していると主張するために作った用語だといいます。歴史と領土問題に対し韓国の「反日」感情を非常に否定的なものとして問題視し、韓国のナショナリズムを「種族主義」と見下すものです。日本の極右「嫌韓」認識と変わりありませんが、韓国社会の内部から韓国人自身が主張しているという点が新しいと言えます。

『反日種族主義』が出版されるとすぐに、韓国では〔この本に対して〕嘘と暴言に満ちあふれる「反吐が出る本」という反応が起こりました。当時の曺國《チョ・グク》青瓦台民政首席の批判の内容が知られたことにより、本を取り巻く攻防は学問の場を超えてポスト真実（事実の真偽にかかわらず信念や感情が世論の形成を主導する現象）ポリティクスが扇動する場へと向かってしまいました。この本は一方の攻撃を受けたという理由で、他の一方が真実であるかのように受け入れられ、反曺國、反文《ムン》〔在寅《ジェイン》〕陣営の「バイブル」となりました。そのような背景もあり、この本は韓国だけでも10万部以上売れ、「反日種族主義」は一つの社会現象になりました。

この現象はすぐに日本へと渡っていきました。日本社会の一角には、日韓間の居心地の悪い歴史問題と領土問題に対し自身の立場を代弁してくれる李栄薫・李宇衍《イ・ウヨン》という韓国人スピーカーの登場に大喜びする人たちがいました。日本の週刊誌は「反日種族主義」現象を、歴史否定と「嫌韓」のために露骨に活用しました。日本の極右論客だけではなく、一部の「リベラル」にも『反日種族主義』の主張に同調する状況が起こっています。日本で信望を集めているジャーナリストである池上彰の名前を冠した番組では、李栄薫の『反日種族主義』の主張を、長い時間をかけて無批判に紹介しました。さらに、韓国社会の「反日種族主義」の傾向を自ら反省し、隣国日本とともに歩もうと主張する知日派〔韓国人〕が登場したと高く持ち上げました。日本でも〔この本は〕40万部を超えるベストセラーという大きな成功を収めています。

興味深いことは、日本でも『反日種族主義』は反文在寅〔政権〕感情と緊密につながっているという点です。今年の2月に東京の紀伊國屋書店に行ったことが思い出されます。書店の1階の入り口付近にある販売コーナーに『反日種族主義』が文在寅大統領の顔を表紙としている『反日種族の常識』〔室谷克実著、飛鳥新社、2020年〕や小林よしのりの漫画『慰安婦』〔幻冬舎、2020年〕のような本と並べて置いてあるのを見て、日本社会の嫌韓と反文〔在寅〕感情に日本軍「慰安婦」問題の否定が深く根づいているということを強く感じました。李栄薫が「反日種族主義」の牙城として日本軍「慰安婦」問題をあげ、性奴隷説を否定することに全力を尽くしている反面、文在寅政権は2015年の12・28日韓日本軍「慰安婦」合意を事実上認めることはできないと宣言したので、文在寅大統領の顔が嫌韓の新しいアイコンとして消費されているのです。

嘘とフェイクが横行し真実に蓋がされ消し去られようとするこの時代に、日本軍「慰安婦」の歴史と運動を否定し、ヘイトする「反日種族主義」という幽霊は2020年に入り、ますます激しく奇襲をかけています。去る5月、韓国では正義連〔日本軍性奴隷制問題解決のための正義記憶連帯。2018年までは韓国挺身隊問題対策協議会〕がこれまで30年間行ってきた「慰安婦」運動を否定し、ヘイトする事態が、『反日種族主義』の第二弾の書籍である『反日種族主義との闘争』（2020年）の出版と合わせて展開されました。朝鮮日報など韓国の保守メディアの日本語版では日本の保守メディアよりも露骨に正義連の「慰安婦」運動を否定とヘイトの言葉で報道しました。このような報道は歪んだまま、日本の保守メディアと極右のニューメディアによって活用され、韓国の保守メディアの特派員たちは再びこれを参照し、真実であるかのように韓国で報道しました。4か月も経たないうちに、それらのほとんどがフェイクニュースと歪曲された報道であったと明らかになりましたが、いまだに真実は窒息状態に陥っています。

2020年は、日本軍性奴隷制を裁く2000年女性国際戦犯法廷の20周年でもあります。女性国際戦犯法廷は、戦後、戦犯裁判においてきちんと扱われてこなかった日本軍「慰安婦」制度の責任を被害者中心の人権と正義の観点から問い、日本の植民地支配と侵略戦争の責任を喚起させる歴史的な市民平和法廷でした。このような法廷が東京で開催できたのは、韓国・朝鮮民主主義人民共和国・台湾・フィリピンなど、アジアの被害女性およびその支援団体と連帯してきた日本の良心的な活動家・市民団体が存在したからです。日本軍「慰安婦」制度に、〔生きた〕存在として証言した金学順《キム・ハクスン》の声に良心的に向き合い、応えてきた日本のメディアと市民たちがいました。これに力づけられ、河野談話・村山談話に象徴されるように、日本政府が〔慰安所の存在を〕認め、お詫びしたので、限界がありながらも、新しい女性の人権と平和の歴史叙述に一歩踏み出すことができました。日本の「良心」とともに踏み出したこの歴史的な一歩が、まさに日本の極右の「バックラッシュ」と安倍政権の2回にわたる執権により、今はその痕跡さえかすんでしまいましたが、完全に消えてしまったわけではないと信じています。

2020年2月に、韓国で出版された本書〔原題：『탈진실의 시대、역사부정을 묻는다：「반일 종족주의」현상 비판（ポスト真実の時代、歴史否定を問う――「反日種族主義」現象批判）』〕が、年をまたがずに日本語で翻訳出版されることの意味を考えてみます。私はポスト真実の時代の歴史否定とヘイトというバックラッシュに反撃する可能性を模索するために、李栄薫の主張がなぜフェイクであり歪曲であるかを批判し、李栄薫が奪い取り歪曲した文書資料と日本軍「慰安婦」の声を、どのようにすれば復元し、取り戻すことができるのかを模索しています。本書を通じ、現在の「私たち」が、なぜ、どのように日本軍「慰安婦」問題に向き合い、応じることができるのか読者のみなさんにもともに感じていただけたらと思います。本書の翻訳出版が、女性国際戦犯法廷で行われたように、韓国と日本の「私たち」市民と子どもたちが被害の苦痛に連帯し、日本軍「慰安婦」制度のような組織的な国家暴力と戦争犯罪を再び繰り返さないという責任をともに感じるもう一つのきっかけとなればと望みます。

2020年10月10日

康　誠賢

凡例

1、原著の' 'および" "は、「 」で示した。

2、原著の《 》は、『 』で示した。

3、（ ）は、原文のままである。

4、訳文中の〔 〕は、監修者・訳者による捕捉ないし短い訳注である。

5、監修者・訳者による比較的長い注は、当該箇所に※を付し、記した。

はじめに

1.

「常識的に考えてみましょう」

もめごとが起こった時、一度くらいは言ったことがある言葉でしょう。常識は人々が一般的に知っていることを意味します。「コモンセンス（common sense）」という英語の表現を見ると「共通の感覚」を意味していることがわかります。このような意味から見ると、その表現は、もめごとの当事者の間に立場と意見の違いはあっても、事実に対する共通の感覚に基づき、互いにわかり合うことができるという気持ちが前提とされているのではないかと思います。しかし、最近ではこの言葉は、ひどく揺さぶられています。「常識的に考えてみましょう」と言うと、十中八九「おまえこそ」と言い返され、互いが「私のほうがファクト（を話している）」と言い張る事態になります。

社会学者であり米国の民主党上院議員であった故ダニエル・パトリック・モイニハン（Daniel Patrick Moynihan）の名言が浮かびます。「誰もが自分なりの意見（opinion）を主張する権利を持つが、自分なりの事実（facts）はない」。二極化した陣営が互いに「自分が真実、相手は嘘」を言っているとして、敵対しながら攻防し合い、憎み合っている現在の状況において、非常に示唆的な言葉ではないでしょうか。

ニューメディアの技術によって開かれた新しいネット上の公論の場でもよく似たことが拡大しています。ツイッター（Twitter）やフェイスブック（Facebook）、ユーチューブ（YouTube）などのソーシャルメディアは、似たような考えや趣向、態度などを共有する利用者たちをつなぎ、「ニュースフィード」などを提供しています。同じ意見を持つ人々は自分の陣営を築き、自分たちが確証した「ファクト」を真実であると主張します。単に、事実に対する共通の感覚と意思疎通がないだけで、各自が自分たちの主張を述べているだけであるなら何が問題なのか、と反問することもできましょう。しかし、その主張が言葉だけで終わるのではなく、憎悪とヘイトの発話として、ナイフとなり相手の陣営に飛んでいくことが問題なのです。

2.

2019年12月22日、自由韓国党は国会で「文在寅《ムン・ジェイン》政権左偏向歴史教科書緊急検討討論会〔政策懇談会〕」を行い、「教科書右派」の正体を現しました。彼らが「左偏向」していると攻撃する歴史教科書は、2020年3月から施行される高等学校歴史教科書〔8種〕です。これらは朴槿恵《パク・クネ》政権〔在任期間：2013年2月〜2017年3月〕の国定歴史教科書廃止以降に新しく発刊される検定済教科書にあたります。

この場で、〔セヌリ党の〕黄教安《ファン・ギョアン》代表、沈在哲《シム・ジェチョル》院内代表などが吐いた言葉は、過去に彼らの党の指導部が話してきたものとたいした違いはありません。「大韓民国の正統性を否定し、左偏向し歪曲した歴史観を我が国の子どもたちに教えるわけにはいかない」という黄教安代表の発言は、2015年に国定教科書を推進していた時にも聞かれたものです。たとえば、当時のセヌリ党の金武星《キム・ムソン》代表は「進歩左派勢力がこぞってうごめき、未来に責任を持つ子どもたちに否定的な歴史観を植えつけている」と主張し、〔教科書の〕国定化に火をつけました。『反日種族主義』を読んで理論武装し、文在寅政権〔在任期間：2017年5月〜〕の暴政を防ぐと発言したことで、〔のちに〕物議をかもした沈在哲院内代表の言葉も似ています。彼は〔新しい歴史教科書を〕「従北〔朝鮮民主主義人民共和国を支持・擁護する立場というレッテル〕教科書、与党の広報誌」にすぎない「あまりにも理念的で偏向した教科書」だとして、選挙法改正により18歳から投票権を得ることになった問題と結びつけ、「高校は完全に政治におかされ、めちゃくちゃになるだろう」と声を荒らげています。

本当に複雑な気持ちになります。彼らの口から「歴史歪曲」「反歴史」「反教育」のような言葉が出てくることにです。国定教科書に反対していた教授・研究者・教師・生徒・保護者が過去に朴槿恵政権や〔当時の与党であった〕セヌリ党に向かって叫んでいた言葉です。しかも討論会の場では、過去に「ニューライト教科書」を作ってきた姜圭炯《カン・ギュヒョン》（明知大学校教授）、金光東《キム・グァンドン》（ナラ政策研究院院長）、金柄憲《キム・ビョンホン》（国史教科書研究所所長）が、新しい教科書の理念と偏向をなじり、基本的事実に立脚した記述を行い証拠を提示するよう強く求めました。たとえば、新しい歴史教科書8種すべてが日本軍「慰安婦」問題を重要なトピックとして扱っています。これに対し、金柄憲はすべての教科書がその証拠を提示していないと批判します。また、「強制徴用」問題に関しても官斡旋や募集と、その後の徴用を区別しておらず、日帝〔日本帝国のこと、以下同じ〕の強圧的な面だけを浮き彫りにしていると批判します。まるで、「なぜ何度も強制動員のことばかり言うのか、証拠はあるのか」と言ってるようで、日本の右派歴史否定論者たちの言葉であるかのようです。

3.

柳錫春《リュ・ソクチュン》延世大学校教授の話をしなければいけません。2019年9月、柳錫春教授は講義中に「慰安婦は売春……気になるなら1回やってみますか?」という暴言を吐き、大きな物議をかもしました。2005年の韓昇助《ハン・スンジョ》高麗大学校名誉教授の暴言〔「韓国にとって幸いだった日韓併合」〕以来の暴言の一つに数えられるくらいの発言でした。この出来事が起こらなかったら、そして〔彼が〕自由韓国党を脱退しなかったら、柳錫春教授は前述した「文在寅政権左偏向歴史教科書緊急検討討論会」で縦横無尽に活躍していたのではないでしょうか。

私は柳教授の暴言に関するインタビューに応じるために、彼が講義で話した内容〔を文字起こしした文章〕をじっくりと読みました。問題は日本軍「慰安婦」に関する部分だけにあったわけではありませんでした。日帝の植民地支配の強制収奪を、〔韓国最大の財閥グループ会社である〕サムソンのベトナム投資と同一線上で比較し、植民地支配に感謝しなければならないなどと何度も発言していました。歴史否定論者たちがしばしば行う資料の歪曲、間違った事例の選択、誤った比較、論理の飛躍などが散在していました。はたして彼は社会学者なのかと疑うほどでした。彼は文在寅政権や「586」世代〔2010年代当時に50代で、1980年代の民主化運動に関わった1960年代生まれの世代を指す〕、日本軍「慰安婦」支援団体である韓国挺身隊問題対策協議会〔現在の正義記憶連帯。以下、挺対協〕などを親中・従北としてバッシングし、ヘイトスピーチを執拗に行いました。中国や朝鮮民主主義人民共和国よりも、米国や日本と親しくするほうがマシであるという詭弁で自らを親日派と自任しました。

日本軍「慰安婦」に関する彼の暴言は、このような文脈で理解しなければなりません。柳錫春にとって「慰安婦」は日帝の時代には自発的な売春婦であり、今は「従北団体」である挺対協によって操られ被害者のふりをしているおばあさんたちです。彼は「現実を悟り事実を把握した後に、最低限の事実に立脚した歴史を見よう」と主張します。「李栄薫《イ・ヨンフン》はこれ〔従来の言説〕をすべてひっくり返」したので、李栄薫教授の『反日種族主義』を読めば、すべて知ることができると、柳錫春は心から信じていました。

しかし学生たちは柳錫春の主張をくみ取ったりはせず、反論に近い質問を矢つぎばやにあびせかけました。それは柳錫春教授を非常に不快にさせたようです。彼の返事は乱暴で、学生たちに自分の考えを何度も強弁しました。最後にだしぬけに悪口も混ぜながら、学生たちに対し、〔自分たちのことを〕そんなにも正しいと思うのであれば〔「慰安婦」問題の解決を求める〕「水曜集会」のような〔曺國《チョ・グク》〔法務部長官候補となった後、さまざまな疑惑がメディアで報道され全国的な騒動となっていた〕反対〕集会でもやれと皮肉を言いました。だから柳錫春教授が学生に、「売春をやるようになる過程っていうのはまさにそうだ。『ここにきて働くのは身体を売るんじゃ絶対にない』『マナーが良いお客さんにお酒を売るだけでいい』と言われて、やってみたらそうなるんだ。昔がそうだったというだけではない。気になるなら〔学生が〕1回やってみますか?」と話したのは、唐突に出た発言ではないと思います。質問した学生だけではなく講義を聞いていた学生たちに性的羞恥心を与える発言であり、多様なヘイトスピーチのうちの一つだったわけです。

これ〔自身の発言が社会的に物議をかもしたこと〕に対し柳錫春教授は声明文を出し、謝罪を拒否しました。自身の発言は、学生たちが現実を正しく理解する必要があったため「気になるなら〔学生が調査を）1回やってみますか？」という意味だったとし、「最近話題となっている李栄薫教授などが出版した『反日種族主義』の内容を学生たちが深く学び、歴史的な事実関係を明らかに把握する必要があるという趣旨での発言」であったと釈明しました。

柳錫春教授がこんなにも『反日種族主義』に忠実なので、李栄薫も彼を擁護せずにはいられなかったようです。李栄薫はすぐにユーチューブチャンネル「李承晩《イ・スンマン》TV」で柳錫春教授の発言を擁護するために立ち上がりました。李栄薫は、〔自身が〕柳錫春と親しいことを強調し、「慰安婦」は売春婦であるという主張を改めて確認し、〔柳錫春が〕学生に向かって言った言葉もセクシュアル・ハラスメントではないと防衛線を張りました。李栄薫は「公の場での発言にそのような要素が仮にあったとしても、それをセクシュアル・ハラスメントだと断定できますか」と主張し、学生が教授の講義を録音して外部に知らせたことは狂気にとらわれた紅衛兵のような行為であるとはぐらかそうとしました。そして、録音した学生に対し、魂が破壊され、人生の敗北者に転落したと呪いをかけました。衝撃的な暴言の連続でしたが、すでに〔李栄薫は〕「暴言製造機」であるとみなされていたため、〔その発言が〕新しくなかったのか、それとも10月3日に光化門《カンファムン》〔で行われた右派のデモ〕でせきを切ったかのようにあふれ出した暴言の洪水にうずもれてしまったのか、忘れられていきました。「なぜ私のことだけ言われないといけないのか」という誰かの言葉のように、柳錫春教授も悔しがっているでしょうか。

4.

『反日種族主義』を読んだ時に感じた衝撃と怒りはいまだに生々しく残っています。韓国と日本で

「反日種族主義」現象を作り出し、各種の記録を塗り替えているのを見ながら、今も当惑を感じています。学界がなぜ最初から『反日種族主義』の嘘と背景を暴き、その内容の貧しさを示す方向へと力を尽くすことで議論をまき起こせなかったのか残念に思う気持ちも、いまだに強くあります。

そのような気持ちから後先考えず〔自分の〕フェイスブックに『反日種族主義』を批判する文章を書き始めました。緊迫した状況であると考え、学術的な会議や講演、ジャーナル、インタビューなど、呼んでくださるところがあればどこにでも行きました。そのようにして『反日種族主義』の内容に対する具体的な批判を含め、この本が置かれている背景と文脈たる「反日種族主義」現象を分析し、ポスト真実の時代の歴史否定とヘイトというバックラッシュ（Backlash）に反撃しようと努力してきました。その可能性をより豊かに模索するために、『反日種族主義』の批判にとどまらず、どのようにしたら李栄薫が切り取り歪曲した文書資料と、日本軍「慰安婦」の声を復元し、取り戻すことができるのかを模索しました。現在、「私たち」がなぜ、どのように日本軍「慰安婦」問題に向き合い、応答できるのかについて苦闘し、そのことを記した本がまさに本書『ポスト真実の時代、歴史否定を問う――「反日種族主義」現象批判』です。

本書を執筆しながら、米国や英国などの国外のアーカイブで日本軍「慰安婦」関係の連合軍資料を調査してきたこの5年余りの間に起こったさまざまな出来事を思い出しました。私の師である鄭鎮星《チョン・ジンソン》教授、先輩・後輩の研究者たちと日本軍「慰安婦」研究チームを作り、ソウル市の支援を受けて成果を出したことが本書の執筆の大きな力となりました。本書で分析した連合軍や日本の公文書資料、写真、映像資料は、その成果によったものです。そのような意味で、本書は鄭鎮星教授研究チームとともに作った『日本軍「慰安婦」関係米国資料Ⅰ・Ⅱ・Ⅲ』（ソンイン、2018年）3巻と、『日本軍「慰安婦」関係連合軍資料Ⅰ・Ⅱ』（ソウル市、2019年）2巻、『連れていかれる、捨てられる、私たちの前に立つ――写真と資料から見る日本軍『慰安婦』被害女性のはなし1・2』（プルン歴史、2018年）2巻、そして、「記録・記憶――日本軍『慰安婦』のはなし、すべて聞けない言葉たち」展示会の図録に続く本だと思っています。個人的には内外のさまざまな圧迫に疲れましたが、日本軍「慰安婦」研究を行ってきたこの5年余りの道のりの終止符となるような本であると思っています。

感謝の気持ちを伝えたいのですが、実際に書こうと思ったら、私を支えてくださった多くの方々の顔がたくさん浮かび悩んでしまいます。私の力だけで本書を書いたのではまったくないことを、改めて実感しています。最初に、鄭鎮星教授研究チームとともに、日本軍「慰安婦」研究会で研究だけではなく「苦楽」をともにしてきた先生方に感謝の言葉を伝えたいです。本書にも日本軍「慰安婦」研究会が（共同）主催した研究会で発表したものが一部掲載されています。研究会では私の考えの幅を広めて、深みを与えてくれる実質的な助言をいただくことができました。民族問題研究所、国史編纂委員会、韓国社会史学会、全国歴史教師の会など、国内の機関や学界の先生方と仲間たちの多くの関心と配慮も、私にとって大きな力となりました。日本で日本軍「慰安婦」問題を綿密に調査されてきた先生方の顔も浮かびます。日本で悪戦苦闘し、研究し、運動を実践される熱意に触れて強力な「気をいただいた」と感じる時も多くありました。特に、在日朝鮮人の先生方一人一人の顔が浮かびます。運良く、日本軍「慰安婦」問題の「主戦場」である米国で発表や講演、交流をする機会を何度もいただくことができました。シカゴ大学とカリフォルニア州立大学アーバイン校で交流しながら、惜しみない支えと激励をくださった先生方にも感謝の気持ちを伝えます。先生方のお名前を一つ一つ書けませんが、私の心に深く刻まれています。

ただ、3人の方には実名で感謝の言葉を伝えようと思います。本書できちんと扱えなかった点についてフェミニズムと在日朝鮮人の視点から補論を書いてくださった趙慶喜《チョウ・キョンヒ》聖公会大学校助教授、本書の原稿を読んでくださり、多方面で討論の相手となってくださり、歴史否定論に心も体も疲れ果てていた私を励まし、推薦文まで書いてくださった李娜栄《イ・ナヨン》中央大学校教授とチョン・ソンウォン黄海文化編集長に特別な感謝の言葉を伝えます。

日本軍「慰安婦」支援団体の活動家たちの運動に対する熱意と労苦に対しても感謝の言葉を伝えたいです。活動家の方々と時間を過ごしながら「支援」とは一方的なものではなく、互いが成長するように導き、背中を押し合うものであるということを実感しました。活動家の方々はハルモニたちを「被害」の殻から抜け出し、運動の主体として成長できるように牽引してきました。そのようにして人権活動家・平和活動家として成長したハルモニたちの刺激と激励で、団体の活動(家)も新しい次元へと成長しています。その端に立ち、眺めている私にとっても、強烈な刺激となっています。

そして金福童《キム・ボクトン》ハルモニ。その名前を静かに呼んでみます。葬儀場で大粒の涙を流してからやっと、かろうじてハルモニの冥福を祈る文章をある紙面に書くことができました。残された「私たち」が金福童さんの人生と歴史をしっかりと捉え、心に刻みつけるべきことを整理できました。本書でも、文玉珠《ムン・オクチュ》ハルモニや裵奉奇《ペ・ポンギ》ハルモニの人生を、日常を、金福童ハルモニと出会いながら感じた感覚をもって思い浮かべることができました。

「こんなにも長くかかると知っていたなら、話さなければよかった……」と、つぶやくように独り言を言っていた金福童ハルモニの悲しい姿が、なぜだか忘れられない一つのシーンとして記憶に残っています。この時のことを思い出しながら、日本軍「慰安婦」問題の解決のために真実を究明しようと研究を始めたので、きちんとハルモニたちに向かい合っていこうと何度も自分の心に誓っています。その真実は決して日本政府の謝罪、法的責任、賠償に極限するものではありません。その真実は「私たち」の内と外を映す鏡となるものです。この本がその鏡の小さな欠片になることを望みます。本書がポスト真実の時代の歴史否定と対面し、超えていき、「私たち」市民と子どもたちが「苦痛の時代」にあっても一つの（金福童の）「希望」を思い出せる本となったら幸いです。

２０２０年２月２日

康　誠賢

プロローグ◉ポスト真実と歴史否定、『反日種族主義』

嘘、フェイク、ポスト真実

　嘘の対価とは何でしょうか。嘘を真実と錯覚することが問題なのではありません。本当に危険なことは、嘘を聞き続けると真実を見る目が完全に失われるということです。真実に対する一抹の希望さえも捨ててしまい、作り出した話に満足するしかなくなることです。

　米国のＨＢＯドラマ「チェルノブイリ」の最初のシーンでレコーダーから流れてくる言葉だ。真実への攻撃が起こり、フェイクが広まる。「真実の衰退」、「嘘の時代」という診断が世界各地で下っている。２０１６年の言葉として選ばれた英語「ポスト真実（post-truth）」、ドイツ語「脱事実（postfaktisch）」現象が世界を席巻している。この用語は辞書的には「事実の真偽〔正と誤〕とは関係なく信念や感情が世論の形成を主導する現象」と定義される。

　フェイクニュース、フェイクの科学、フェイクの歴史……。加えて「ボット（ｂｏｔ：インターネットで自動化された作業を実行する運用ソフトウェア）」が作り出すソーシャルメディアの「フェイクフォロワー」と「フェイクいいね」さえもある。[*1]「フェイク」が付いた多くの用語の目録が日々、更新されている。韓国でも２０１６年の末から「崔順実《チェ・スンシル》ゲート」と朴槿恵《パク・クネ》大統領の弾劾にいたる過程でフェイクと嘘が勢力を振るう事態が頂点に達した。大統領、青瓦台〔大統領府〕の高官、大臣、財閥総帥、教授、医者など、社会指導層の破廉恥な嘘のパレードが続いた。まさにその頃、米国ではトランプ大統領が大統領選前後にあからさまな嘘をよどみなく大量に吐き出していた。米国の『ワシントン・ポスト』紙が「トランプが就任して以来、928日の間に1万2019回にわたって嘘をついた」と報道したほどである。今やポスト真実の時代に入ったかのように見える。これは韓国と米国に限った話ではない。全世界が事実と真実を卑しめ、嘘とまやかしが大手を振るうポスト真実の世界に直面している。

金《キム》ヌリ中央大学校教授は、このようなポスト真実現象は巨大な思想的・社会文化的・技術的変化と関連があると分析する。「ポストモダニズムの価値相対主義と多元主義はモダニズムの土台であった『真理』を解体し、個人の個体化と匿名化は嘘に鈍感にさせ、インターネットとニューメディアが広げた新しい媒体環境は、同じ意見を持つ人々が集まり自分たちだけの『オルタナファクト(alternative fact)』を信じる『分割されたマイクでの口論の場』を作り出した」のである。[*2]

1998年にピューリッツァー賞を受賞した文学評価家、ミチコ・カクタニ(Michiko Kakutani)がくだした評価も似ている。彼女は「事実が軽んじられ、感情が理性に取って代わり、言語が侵食されることで、真実の価値そのものが低下する」危険を主張し、真実と理性の基盤を弱化させる原因を探った。まず、ソーシャルメディアなどの新しい媒体とプラットホーム環境の変化によって、利用者たちは閉鎖的になり陣営化され(「サイロ[Silos]」効果と「フィルターバブル[Filter bubble]」効果)、共通の現実感覚と境界を引くという疎通の能力を失っていると主張する。さらに、このようなメディア技術とプラットホームの変化がこれ以前から加速化していた思想・社会問題の変動と結合したと強調する。彼女はこの30年の間のポストモダニズムおよび文化相対主義の台頭と優勢を、多少否定的に見つめる。

彼女は、西欧・ブルジョア・男性支配的な思考の偏向であったものが普遍的な真実であるかのように装われ、「真実（truth）」とされてきたことを解体することに〔ポストモダニズムや文化相対主義が〕寄与したと評価するが、〔そのような〕解体と相対化が極端に行われることにより客観的実在の可能性が否認され、真理概念はある視角や観点によるものに代替され、主観性の原則が神聖視されたと批判する。

これに、自己中心主義時代から始まり、「自惚れた『セルフィー』時代までに勢いを増していったナルシシズムと主観主義」が同調したと語る。何よりも彼女は、このような思想的・社会文化的・技術的変動が最近はもっと単純な方式でトランプ大統領とその擁護者、「オルタナ右翼（alt-right）」によって活用されているとし、批判のレベルを高める。これは１９８０年代から90年代の「文化戦争」〔保守と進歩の間に起こる価値観の衝突〕に対し、保守主義者たちが理性の衰退を嘆き、自ら伝統、法原則、専門性の守護者であることを示した状況とは真逆であると言える。[*3]

ミチコ・カクタニによれば、理性に基づいた真実の衰退とは、民主主義の衰退と没落、全体主義の登場と強化を意味するものゆえ、〔そのような〕ある真実から顔を背けたり無関心でいたりしている状況からは抜け出す必要がある。彼女がハンナ・アーレントが言う全体主義プロパガンダの嘘という議論を呼び起こすのも、同じことを主張するためである。彼女は、真実と見せかけるために本当の要素や実際の経験を織り交ぜて嘘の宣伝・扇動をすることは、20世紀初めのナチズムと共産主義に限った話ではなく、今日も続いていると語る。

このような主張はうなずけるものではあるが、一面的であるとも思えるし、あまりにも理性中心的であり、「モダン」でありすぎる気がして、全面的に同意することは難しい。トランプ陣営の嘘を問題として批判するだけではなく、この数十年の間に、ポストモダニズムと、いわゆる「文化的転回（cultural turn）」以後に起こったカルチュラル・スタディーズ、フェミニズムおよびポスト・コロニアルに立脚した研究などが成し遂げてきた言説も同じテーブルに並べ、ナイフを突きつけているからである。自明な事実を客観的な方法（論）として扱う科学（医学）と法学さえ社会的に構成された「パラダイム」または「言説」であるという認識が、この数十年の間に進展してきたのではなかっただろうか。この間、このような考えを、保守主義－右派が拒否し、進歩主義－左派が受容して発展させてきたのではなかっただろうか。なぜポスト真実を批判する論者たちは、このような事情を知りながらも、ポストモダニズム、相対主義、ダーウィニズムなどをポスト真実の土壌とし、モダニズム的な真実の認識へと単純に回帰しようとするのだろうか。

真実は明らかに客観的に実在するが、時空間の横断を通じ文脈に沿って構成される。私たちが言説に対する議論をその都度しっかりと積み上げながら注目してきたことは、内容の真偽や正しいか否かではなく、その「効果」であったのではないだろうか。すなわち「誰がどのような位置から話し、聞くのか」であった。[*4] このような真実に対する認識論を放棄せずに、具体的にどのような人々が話し手としてどのような意図を持って真実ではない言葉を語り、それを聞き手にどのように信じさせるのかを理解する必要がある。どのようにして話し手自らが自己欺瞞と妄想に陥り、聞き手の反応や感情を見ながら、真実ではない言葉を真実であると信じ込むようになるのかを、真剣に見つめてみなければならない。ポスト真実は、単なるフェイクや嘘の扇動としてのみ還元されるわけではないためである。

嘘の言説があたかも真実のようにまかり通る状況において、「これは嘘だ」と暴露したり、ポスト真実を助長する個人や集団に「あなたは嘘つきだ」とレッテルを貼ることは、そのような状況から抜け出すどころかさらにそこに巻き込まれてしまうことである。〔そのような方法よりは〕むしろ嘘を発話する位置を明らかにし、その嘘の声を相対化する方向で論争を始めるほうがマシである。

2019年、韓国では一連の出来事がポスト真実現象のフィルターを経て、世論や言説が敵対的に二極化される状況に陥ってしまった。特に、いわゆる「曺國《チョ・グク》事態」は、政治・司法改革問題などを巻き込む政治的敵対にとどまらず、世代と青年問題、教育と階級再生産の問題、ジェンダーと民族〔主義〕の問題などにも波及しながら、社会的に多様な敵対が入り混じり、亀裂を起こし、対立する様相となり拡散していった。

「曺國事態」はそのようにして2019年韓国のポスト真実現象を示す用語の目録に上がることとなったが、2020年にも敵対的な対立は終わっていないようである。陳重権《チン・ジュンクォン》〔進歩系の論客として活発な言論活動を行ってきたが、近年は文在寅政権に批判的な立場をとることが多い〕は、新年最初に放送した〈JTBCニュースルーム：新年特集大討論―メディア改革編〉での柳時敏《ユ・シミン》〔文政権を支持する代表的な言論人〕との討論で満足できなかったのか、『韓国日報』に掲載した「陳重権のトゥルース・オデッセイ〔真実への旅〕」という連載で、「ポスト真実の時代のさまざまな現象」とメディアの問題について毎週記事にした。最初の連載記事では「オルタナファクト」というポスト真実の代表的な用語を使って、「曺國事態」を取り巻く「柳時敏や金於俊《キム・オジュン》のような煽動家と親与〔党〕媒体」が提示する事実を、「虚構にすぎないオルタナファクト」であると規定する。*5 この攻防がどのように展開されるのかはすぐに予想できる。両者とも自分は事実を話しており、相手は嘘を扇動していると主張するだろう。

興味深いことは陳重権の位置である。ポスト真実現象を批判的・本格的に提起している陳重権は、米国のポスト真実批判者たちとは異なる位置にある。米国では民主党とリベラル進歩主義者たちがトランプ大統領および共和党と「オルタナ右翼」を批判し、理性を根拠として真実と民主主義を再び立て直そうと主張している。しかし韓国で陳重権が攻撃する対象は、民主党とリベラル、一部の進歩主義者および左派たちである。陳重権は一方的に彼らを「ポスト真実煽動家、実践家」という存在に追いやり、さらには「文派ゾンビ〔文在寅大統領を支持する人たちをゾンビにたとえた蔑称〕」というヘイトスピーチも吐いた。そのため、彼は皮肉にも「武器化した嘘」としてポスト真実を扇動してきた極右・保守政治圏・学界・メディア・ニューメディアの関心と支持を受けているのが実情である。このような状況で陳重権に対し、「斥候なのか、転向なのか」という問いさえも提起されている。「曺國事態」から派生した「陳重権現象」は韓国でのポスト真実現象がいかに複雑で複合的であるのかを見せてくれる。

歴史否定論と『反日種族主義』

ポスト真実現象は、政治とメディアなどに限られているわけではない。学界のポスト真実扇動家たちは、真実と事実を扱う学問である科学と法学、そして歴史学を対象とし、大騒ぎをしている。

歴史学にも歴史修正主義という言葉がある。歴史に対する修正主義の視点が必要であるという観点は、一般的に考えるとそれ自体としては問題はないように見える。歴史的事実の構成が学術的検証と解釈の闘争過程を通じ支配的な解釈として位置づけられたら、それはまさに定説となる。その定説に対する新しい資料を発掘したり、他の視点から解釈し直し問題を提起し修正を加えることができる。「修正主義史観」がこれにあたるわけであるが、このような時、修正主義は歴史学の発展に寄与することになる。歴史に対する伝統主義的な視点と修正主義的視点を互いに結合させ、それぞれの視点と理論、方法、内容を十分に発展させてきた。たとえば朝鮮戦争についての（新）伝統主義対（新）修正主義の論争がそれである。ポストコロニアリズム、ポスト冷戦、ポスト地球化の新しい歴史叙述を取り巻く論争も同様である。支配の歴史について修正主義的な試みは英雄と指導者、勝利者、国家と民族、戦争と支配を中心とした上からの歴史叙述に巨大な亀裂を与えたりもした。

しかし現実には特定の政治的意図を持って進められる修正主義的な試みが、学術的な場ではなく、学術的な場に類似した場を設定し複雑な論理で一方的に内輪で進められるという事例が増えている。定説が否定されるのであれば、否定を裏づける新しい資料の検証や新しい視点と方法の構築、新しい事実の構成がきちんと行われなければならず、それについての学界の認定と承認の過程がなければならない。それにもかかわらず、この過程をほとんど省略して、定説を否定する人や集団が増えている。権威を認められた学界の人物であることもあり、学界の外部で類似の研究をする人物であることもある。誰がそれを行うにしても、彼らは、定説とは違ったり、相反する事実を語りながら、ポストモダニズムの威を借り、定説に陰謀があると暴くかのような主張をする。彼らは自身の陰謀論が拡散されることで自信をつけ、自身の主張が絶対的な真実であり事実であると果敢に叫ぶ。さらに、定説の立場に立っている研究者たちに向かい、嘘とフェイクのレッテルを乱発する。このような時、彼らはひどく似合わないモダニズム、または実証主義の皮をかぶっているように見えるのである。

このように考えると、歴史修正主義者は歴史否定論者である。その「底」の始まりは、ホロコーストなどナチスの暴行にいわゆる「盾」を構え、ナチスを礼賛さえした否定論者たちである。彼らは自身の主張が資料と証拠に基づいており、そのため、信頼できる学問的な研究の結果であることを強調する。彼らの研究結果にはさまざまな資料の引用文と脚注がついている。もちろん、ほとんどが仲間内で互いに引用し合ったり、書き写したり、やぶから棒に持ち出した数字を用いた統計を羅列し、論拠とは関係ない主張をまるで暗示をかけるように繰り返す。偏向しており、意図的に資料を誤読したり省略し典拠を歪曲する。必要ならば、存在しない資料と証拠を作ってでも自分たちの主張を合理化する。[*6] ポスト真実の時代と称される最近の「武器化した嘘」の手法とほとんど同じである。このような振る舞いを犯す歴史修正主義者たちは、日本では1997年に「教科書右派」である「新しい歴史教科書をつくる会」を中心として出現し、韓国では2005年に歴史学界のニューライト団体が「教科書フォーラム」を作ったことで誕生した。

『記憶戦争――加害者はどのようにして犠牲者となるのか』(2019年)を書いた林志弦《イム・ジヒョン》(西江大学校)教授は、「否定論の最も大きな逆説は歴史的証拠を隠滅した者たちが厳格な実証主義者を自任しているところにある」と指摘した。証拠はないという確信があるため、証拠を見せろと執拗に叫ぶというのである。否定論者たちにとって「実証主義は犠牲者たちの記憶が不鮮明で、政治的に歪曲されたり、操作されたという印象を人為的に作り出すために召喚させたイデオロギーであるだけ」なのである。[*7] いわゆる「否定の実証主義」問題だ。

否定論者たちはこのような方式で暴力と虐殺の記憶自体までも殺している。加害者たちが責任をとり謝罪をするなどということはありえず、被害者たちの記憶と証言は嘘とフェイクが混ざっているので、受けた被害を自ら立証しろと被害者に要求する。このような立証は事実上不可能である。証拠資料がないからというだけではない。証拠を提示したとしても加害者はそれは当時の状況においては仕方がなかったとか、一部の例外にあたるとしたり、それでもだめなら道徳的責任はあるが法的責任はないと言う。そして、被害者個人を孤立させ、侮辱感と羞恥心を抱かせる。

李栄薫《イ・ヨンフン》が『反日種族主義』のプロローグで書いた有名な最初の文章、「韓国の嘘つき文化は国際的に広く知れ渡っています」〔日本語版14頁〕は、このような意味から解釈する必要がある。彼は一方的に韓国の政治とメディア、大学や学問〔特に社会学と歴史学〕、裁判所を嘘であふれる場所であるとレッテルを貼りながら、その根拠として「反日種族主義」をあげている。自分と仲間たちは嘘にあふれる巨大な文化権力の陣営に対し力を尽くし戦う闘士であると自任する。加害者たちが「被害者コスプレ」をしながら、被害者たちを侮辱している状況である。特に彼は本の中で日本軍「慰安婦」問題に関して「慰安婦」被害者に長い間「ウィズユー（with you）」してきた支援団体および社会運動家たちに「暴力的な心象」を持つ操縦者というレッテルを貼り、攻撃する。彼は偏向した資料選別と意図的な誤読を通じ日本軍「慰安婦」が公娼制の合法的枠組みの中で自ら営業し「自由廃業」できる稼げる商売をしていた売春婦だったのであり性奴隷ではなかったと主張する。

〔『反日種族主義』に対して〕ある人々から「反吐が出る本」という反応が起こっているのはこのような理由からである。この本に同調する学者、政治家、記者などは「反逆・売国親日派」であると古めかしい批判をする声も上がった。曺國「青瓦台民政首席」〔当時〕がソーシャルメディアに投稿した〔『反日種族主義』を「反吐が出る本」であると批判した〕文章をめぐり騒動が起こったが、〔このような投稿は〕曺國「教授」の学問的な経歴から考えると、〔彼が行いうる〕当然の主張であったと言える。ただ、このような攻撃が曺國個人の所感を述べたということ以外に、この本と著者の影響力の拡散を食い止めるのにどれだけ効果があるのかは疑問である。このような攻撃はポスト真実現象を食い止めるのではなく、むしろ逆に巻き込まれてしまうことになる。反吐が出る嘘を発話する李栄薫と著者たちの位置、『反日種族主義』の本が生み出された背景と文脈を明らかにし、嘘の主張を相対化する方向へと論争を進めながらその正体の素顔を暴くことのほうが有用であろう。

『反日種族主義』が出版されて1か月のうちに総合ベストセラー1位となり、2か月のうちに10刷され約10万部を販売するという気炎を揚げている時、歴史学界がこれにきちんと対応できず、一貫して無関心でいたことは本当に残念である。学術的に対応しなければならないような内容ではなく、特定の政治的な意図を持ち歴史否定論に立脚して執筆されたこの本に対し歴史学界が公式な批判に立ち上がったら、関心がなかった層にまで刺激を与え話題となってしまうかもしれないという憂慮からの判断であると思われる。しかし、本の底本となっている講演はすでに「李承晩《イ・スンマン》ＴＶ」というユーチューブチャンネルを通じ大きな波及力を持っており、〔『反日種族主義』が〕出版されてすぐにベストセラーとなったのはそのような理由からである。右派陣営と２０１９年光化門《カンファムン》集会〔文在寅大統領の退陣を求める集会〕に集まった人たちにとって、この本は一つの「バイブル」となった。

この本を「緊急検討」するため「歴史否定を論駁する」というテーマで研究会が開催され、学界が批判に立ち上がったのは〔本の出版から〕4か月近く経ってからである。学術的な批判に立ち上がったタイミング自体は悪くなかったが、歴史学界を代表する団体がほとんど含まれておらず、民族問題研究所と日本軍「慰安婦」研究会だけで開催したのは残念であったと言わざるをえない。その後も2019年中に行われたのは民族問題研究所が開催した国際学術会議だけであった。『反日種族主義』批判の書であることを表明した『日帝種族主義』が2019年10月に出版されたが、反応は期待したほどではなかった。これは宣伝の問題というよりは、批判の視点と内容が一般的な親日派批判書と同じで、著しく旧態依然としていたので、広く読者を得るには限界があったからではないかと思われる。年をまたぐ直前にもう一つの批判書である『反対を論じる――「反日種族主義」の歴史否定を超えて』(2019年)が出版されたが、どのくらい善戦するか注目される。

『反日種族主義』批判書が足踏みしている間に、『反日種族主義』はさらに前進を続けた。2019年11月14日、日本で文藝春秋が日本語版を翻訳・出版するとすぐに、オンライン書店「アマゾンジャパン」の総合順位1位に躍り出た。現在まで日本だけでも40万部余りが売れたと集計されているので、まさに、「反日種族主義シンドローム」だと言っていいだろう。2018年末に日本で翻訳されて出版された『82年生まれ、キム・ジヨン』(斎藤真理子訳、筑摩書房)は約15万部売れ、記録的な数字であると評価する声が多くあったが、『反日種族主義』の販売数はそれを圧倒している。このような出版市場の状況は、日本のミートゥー(me too)運動を象徴する伊藤詩織が日本軍「慰安婦」被害者と出会い、労り、「ウィズユー」を表明したことについて日本の右派があらゆる「ヘイトスピーチ」で攻撃する言説のあり方が反映されているように思われる。

歴史否定に没頭する日本の右派と安倍政権〔当時〕にとって、『反日種族主義』とその著者たちは、自身の立場を代弁してくれる非常に大切で貴重な韓国人「スピーカー」である。過去に安倍総理は国会答弁で李栄薫教授の主張を引用したことがあり、李宇衍《イ・ウヨン》も最近、日本の右派たちから第二の李栄薫として脚光を浴びている。李栄薫、李宇衍などは今後、日本から多大な関心と金銭的な支援を受けながら発表と講演の場に招かれるだろうと思われる。日本社会をすでに平定したと感じている日本の極右歴史否定論者たちは米国を主戦場とし全力を尽くしている。彼らにとって韓国人ニューライト研究者たちが書いた『反日種族主義』の主張が韓国の一部で歓迎されている状況は非常に喜ばしく、支援したいと思うのだろう。

本書のテーマと構成

本書は『反日種族主義』の主張を批判するものである。このため「反日種族主義」の論理と手法を分析し、その主張の深刻さを明らかにしている。本書は主として日本軍「慰安婦」問題に対する李栄薫の主張を扱った。彼は日本軍「慰安婦」問題を「反日種族主義」の牙城とみなし、『反日種族主義』のクライマックスとした。本の分量から見ても朱益鐘《チュ・イクジョン》の文章を含め、日本軍「慰安婦」問題に関する文章は5編120頁に及んでいる。「慰安婦性奴隷説を国内で公開の場で否定した研究者は私が最初ではないかと思います」[*8]と自慢するほど、李栄薫はこの問題を「主戦場」として扱っている。

私は『反日種族主義』の主張を大きく五つに区分し、批判する。基本的には李栄薫は日本の右派歴史否定論者である秦郁彦が20年前に展開した主張と論理に連なっている。ただし、反日種族主義フレームで脚色された一部の主張と論拠では若干異なる部分がある。秦郁彦など日本の右派と李栄薫など韓国のニューライトたちは相通じる「反日民族主義（ナショナリズム）」を持っているが、〔彼らが〕立っている位置がまったく同じであるはずがないことから生じる違いである。このような内容を本書の第2部「『反日種族主義』の主張を批判する」で扱った。

歴史否定の系譜から見ると、それほど新しくないこれらの主張、論理、方法に反駁するのは難しくはない。李栄薫は自ら「基本的事実」を語っていると主張するが、偏向した資料選別と意図的な資料の誤読と資料の省略、歪曲された典拠が多く、一つ一つ検討することで、批判的に反論できる。問題はポスト真実の時代のニューメディア世界と二極化した陣営の一方で彼の歴史否定論が簡単に払しょくできない流れとして位置づけられているという点である。この流れは韓国にとどまるものではなく右派の間のトランスナショナルな連帯とネットワーク現象へと拡散しているわけである。つまり『反日種族主義』をきちんと批判しようとするならば、この本がおかれた背景と文脈として「反日種族主義」現象の通時性と共時性を分析しなければならない。本書では第1部でその転換点の時期として1997年と2005年、そして2013年から2015年を取り上げて検討する。

ここまでだと文字通り『反日種族主義』への批判として終わる。『反日種族主義』は嘘と暴言に満ちあふれた本であり、李栄薫は嘘つきだと言って終わりである。しかし本当にこれで終われるのだろうか。先に見たように、ポスト真実現象で明らかになった事態の展開をさかのぼってみると、決して終わらないというのが答えであろう。

私はポスト真実の時代の歴史否定論者に対応する方法は、嘘を発話する位置を明らかにし、その嘘の声を相対化する方向へと論争を進めることが最善だと考える。そのため本書第1、2部では嘘の内容とともにその嘘を発話する位置を示そうとした。さらに第3部「資料と証言、歪曲したり奪い取ったりせず文脈を見る」ではその嘘の声を相対化する方向での論争を試みた。具体的には李栄薫が選別し歪曲し搾取した文書資料に、私はそれが作られた背景を考慮しながら声をかけ、そして資料が聞かせてくれる話を聞こうとした。また、李栄薫が切り取り歪曲した文玉珠《ムン・オクチュ》の奪い取られた声を取り戻そうとした。さらに、文書、写真、映像、証言資料などをクロスさせて、さまざまな日本軍「慰安婦」の話を見つけてみる。軍「慰安婦」問題は日本軍「慰安婦」の歴史に限るものではない。李栄薫の「我々の中の慰安婦」論に答え、ポストコロニアリズムと冷戦・分断国家および社会とその日常で軍「慰安婦」問題がどのように受け継がれてきたのか、「慰安婦」被害者たちが二重三重の抑圧を突き抜け運動を通じてどのように自らが主体となったのかを明らかにし、李栄薫と『反日種族主義』の主張を相対化する。

最後に現在、軍「慰安婦」問題に共感し、連帯する「我々」の現在を見つめながらポスト真実の時代の「反日種族主義」というバックラッシュを通じ広がっている否定とヘイトにどのように反逆できるか、その可能性を模索する。

第1部

「反日種族主義」とは何か

ソウル市教保文庫「政治・社会コーナー」(2019年8月)。1位が『反日種族主義』,
2位は『日本会議の正体』(青木理著の韓国語版)。「ハフポスト日本版」提供。

1　2019年、「反日種族主義」現象＊1

『反日種族主義』の波及力

２０１９年は「三・一運動１００周年」を迎える年であった。この年の7月10日に初版1刷を出した『反日種族主義』は2か月の間に10刷され約10万部が販売された。教保文庫《キョボ》〔韓国の大型書店〕の集計によると、この本は8月2週目に総合ベストセラー1位になって以来、「右派図書ベストセラー現象」を主導している。特に、その拡散と波及力は底本にあたるユーチューブチャンネル「李承晩《イ・スンマン》TV」の講義を見ると具体的に確認できる。「李承晩TV」は２０１８年6月15日に開設されたチャンネルで、開設半年で登録者数10万名達成が目前となった。３６１個の映像（２０１９年9月28日現在）がアップされており、この本と直接関係する講義は「反日種族主義打破」シリーズ30回（２０１８年12月11日～２０１９年3月15日）と「日本軍慰安婦問題の真実」シリーズ16回（２０１９年2月15日～6月20日）である。講義は主に李栄薫《イ・ヨンフン》（元ソウル大学校経済学科教授）、朱益鐘《チュ・イクジョン》（元大韓民国歴史博物館学芸研究室長）、金容三《キム・ヨンサム》（ペンアンドマイク記者）が主導し、李宇衍《イ・ウヨン》（落星台《ナクソンデ》経済研究所研究委員）、金洛年《キム・ナギョン》（東国大学校経済学科教授）、鄭安基《チョン・アンギ》（ソウル大学校客員研究員）が共演している。本が出版された直後に李承晩学団（李栄薫）とペンアンドマイク（金容三）の共同主催により7月17日から3日間連続で、ソウル、大邱《テグ》、釜山《プサン》でブックコンサートが開かれた。ソウルのコンサートだけでも安秉直《アン・ビョンジク》（ソウル大学校名誉教授）、周大煥《チュ・デファン》（社会民主主義連帯代表）、沈在哲《シム・ジェチョル》（自由韓国党議員）、鄭宗燮《チョン・ジョンソプ》（自由韓国党議員）、金文洙《キム・ムンス》（元京畿道知事）、金暎浩《キム・ヨンホ》（誠信女子大学校政治外交学科教授）、金大鎬《キム・デホ》（社会デザイン研究所所長）、金《キム》ウグン（ソウル大学校トゥルースフォーラム代表）など綺羅星のごとくニューライト系政治家、知識人、メディア関係者などが参加し、本に負けないほどの「あきれ返る」内容の祝辞を述べた[*2]。

興味深いことは反日種族主義および日本軍「慰安婦」シリーズの講義については日本語字幕をつけた講義コンテンツを別に制作した点である。このコンテンツの再生数は韓国語の講義に比べ顕著に多く、最高で58万回を超える再生数を記録したものもあった。この講義だけでも１４００以上の日本語のコメントがついた。日本の「ネット右翼」が書いたコメントだと思われる。このような状況のもと日本の出版社と韓国内のエージェンシーたちが『反日種族主義』の日本語版権を得るために積極的に動き、11月14日に文藝春秋が翻訳出版してすぐにオンライン書店「アマゾンジャパン」で総合順位1位となった。これに対し「慰安婦の活動をする人たちが日本で友好勢力を確保したように、我々も両国の友好的な協力を支持する市民勢力を作ろうとしているものである」[*3]と説明した「李承晩学団」の関係者たちの言葉はいかにも興味深い。

「反日種族主義」現象の新しい階層

ここまでくると「反日種族主義」現象であると言えるだろう。この現象を分析的に区分すると三つのレベルに分けられる。一つ目は、右派書籍のベストセラー現象である。二つ目の現象はユーチューブなどの新しいメディアプラットフォームと技術で可能となった波及力である。三つ目は、日韓の右派の間の歴史修正主義の連帯とネットワーク現象である。

右派書籍のベストセラー現象は表面的な問題である。これ自体はさほど新しいものではないという書店の関係者たちの評価がある。「進歩勢力が政権を担っているときにはいつでも起こる現象」であり、「盧武鉉《ノ・ムヒョン》政権の時も、『解放前後史の再認識』（２００６年）がベストセラーとなったことがある」という。[*4]

しかし、最近の図書がすぐにベストセラーとなる背景としてユーチューブとカカオトーク〔韓国で多く使用されているメッセンジャーアプリケーション〕の影響力に力を得た右派の結集があり、これが購買層につながるという手法は明らかに新しい現象である。多くの購読者をかかえる極右ユーチューバーたちが、出版社を構える場合もある。購買層も主に60代以上の男性である。

『反日種族主義』にはもっと特別な側面がある。「新親日派」を自任するユーチューバーたちのチャンネルが、『反日種族主義』の内容、すなわち「李承晩ＴＶ」が提供するコンテンツを焼き直す方式で作った動画を流し、再生数が数万から数十万となるチャンネルとして成長していることである。歴史修正主義者たちの「歴史戦」コンテンツがなにしろ刺激的なので、ユーチューブの利用者たちの関心を引きやすい。何よりも日本の利用者（ほとんどがネット「右翼」）などの大量の流入の結果である。そのようなチャンネルや動画に日本版のイルベ〔日刊ベストストアというオンライン掲示板〕である5ちゃんねるで見られたような歴史否定論の立場の日本語のコメントが韓国語のコメントに交ざっている。ひと月の広告収入が数千万ウォン〔日本円で約数百万円〕にもなるユーチューブチャンネルも生まれており、これを見て、第2、第3の李栄薫と李宇衍になりたがるユーチューバーたちが列をなしている状況である。

このチャンネルに登録して動画を視聴した青年たちが「少女像」を侮辱する行動に出た。SBSの「それを知りたい――誰が少女像に唾を吐いたのか」(第1180回)は、この事態がイルベに共感する一部の青年たちの例外的な逸脱行為ではないことを明らかにした。その中で自らを親日派と呼ぶ一人の青年は、少女像が反日感情をたきつけ、日韓関係を破綻させたとし、植民地近代化論の内容を詠じた。朝鮮の未開さを確信するその青年の姿から『反日種族主義』の痕跡を見つけるのは難しくない。

過去にもインターネットブログの世界で親日派だと自称する人々の文章はなくはなかった。しかし彼らは孤立無援だったし、掲示板のコメントが連なっていたとはいえ、彼らだけの非常に小さなリーグであった。しかし、ユーチューブ、カカオトーク、フェイスブック、ツイッターなどのニューメディアの人工知能とハイパーリンク技術、接近性を高めたプラットフォームがこれらのネットワークを拡散させている。国内でも新しいメディアに基盤をおくニューライト系列のオンラインネットワーク組織が作られている。たとえば、李宇衍が代表を務める「反日民族主義に反対する会」や「慰安婦と労務動員労働者の銅像設置に反対する会」などは、彼らがフェイスブックで提案すると、数時間で会員が集まった。最近の柳錫春《リュ・ソクチュン》教授を擁護するために登場した韓国近現代史研究会(会長ソン・ギホ)もネイバーバンド、ユーチューブ、フェイスブックなどを基盤として、「李承晩TV」やペンアンドマイクとともに活動している。日本の右傾化過程で登場したネット右翼たちによって数多く作られたネットワークの様相とよく似ているように思われる。

日韓右派歴史修正主義の連帯とネットワーク

これに加えて日韓右派の間の歴史修正主義の連帯とネットワークの現象に注目しなければならない。2019年7月1日、安倍政権が半導体材料3品目の韓国への輸出を規制するという措置を発表した次の日、李宇衍は日本の右派、藤木俊一の金銭的な支援を受けて国連人権理事会に行き、日帝の強制動員を否定する内容のスピーチを行った。この時、藤木俊一が李宇衍のスーツの襟についていたほこりを丁寧に払ってあげ、〔それを見て〕恥ずかしそうに笑った李宇衍の姿は、日韓の歴史修正主義者たちの関係の本質、連帯の性格をよく見せてくれる。

これを見ると、映画『主戦場』で日本の右派歴史否定論者たちの司令塔である加瀬英明が発したからかい気味の言葉が思い出される。韓国という国は本当にかわいらしい国ですよね。騒がしい子どもがうるさくしているかのようで本当にかわいくないですか。藤木俊一が李宇衍に発表を提案したのも、彼の言葉と文章をかわいく思ったのではなかろうか。藤木俊一や日本の歴史修正主義の団体は、これからも李宇衍に深い関心を持ち、金銭的な支援をし、活動する場を与えるだろう。実際に藤木俊一は、ユーチューブで日本の立場を代弁してくれる米国人スピーカーのトニー・マラノ（Tony Marano）を支援するために「テキサス親父」日本事務局を作り金銭的に支援してきた。

李宇衍は10月4日から6日の3日間、福岡と大阪、東京で巡回講演をする予定であった[*5]（しかし突然、健康上の問題を理由に講演をとりやめた）。「歴史認識問題研究会」（西岡力）がこの日本巡回講演を支援した。歴史認識問題研究会は「日本会議」と親しい関係があり、過去に「新しい歴史教科書をつくる会」(以下、つくる会)のメンバーだった西岡力、高橋史朗などが2016年9月に設立したものである。「慰安婦」問題に関して日本国内では勝利したが、「国際社会ではいまだに反日勢力が影響力を強く持っており、我が国の政府(日本)は、体系的で組織的な反論をまだ本格的に提起できていない」と指摘し、資料収集、若い研究者の育成はもちろん、外国語での広報、政府や関係機関への提言を目的として設立した組織である。歴史認識問題研究会の活動のうち明らかになっていることは、日本軍「慰安婦」の資料がユネスコの世界記憶遺産に登録されるのを防ぐための国際運動である。[*6]

「反日種族主義」現象の行く末がさらに問題

問題は、第2、第3の李宇衍を夢見る韓国のユーチューバーたちが日本の「コメントネット右翼」[*7]とネットワーク化することによって、相乗効果が生み出されているという事実である。日韓の歴史修正主義ネットワークの速度と量は、この間の反戦・平和・人権に価値をおく日韓の市民連帯を圧倒することになるのではないかと憂慮する。反日種族主義現象を看過すればするほど、関心を持たなければ収まるだろうと考えれば考えるほど、差し迫っている現実はある意味ではその逆に展開される可能性が大きい。

2019年7月18日に『反日種族主義』大邱コンサートで朴槿恵《パク・クネ》政権の最初の青瓦台のスポークスマンであった尹昶重《ユン・チャンジュン》は「実は私が『土着倭寇』です」と述べた。8月1日「オンマ〈母親〉部隊」〈中年女性からなる保守系市民団体〉の代表である周玉淳《チュ・オクスン》は安倍総理に「国民の一人として謝罪します」と述べた。これからもこのような暴言は1回限りのハプニングでは終わらないだろう。光化門《カンファムン》一帯で、ウリ〔私たち〕共和党系列とニューライト系列のデモ参加者たちは「反文在寅《ムン・ジェイン》政権」を共通点として盲目的なヘイトと憎悪を拡散しており、さらには、解放〔1945年の日本の植民統治からの解放〕以後初めて「私こそが親日派」であると叫んでいる。文在寅政権の反日種族主義が日韓関係を破綻させ、日米韓の三角同盟を難しくしており、大韓民国の危機が増大しているので、愛国者である自分たちが立ち上がり闘うのだという論理を構築した。反日種族主義を盲目的に支持する者たちは、自らを「反日―共産主義〔従北、アカ〕―売国」に立ち向かう「親日―自由主義―愛国」であると信じている。

　このような状況は一国的な現象にすぎないのだろうか。歴史的・世界史的な転換期に発生する新保護主義的高波に急激に育ってきたファシズム的性格と行為は、一国的な孤立から抜け出し、互いに急速につながりながら作られてきた大きな反動の流れの一つの支流だと言えるのではないだろうか。

2　「教科書右派」の誕生、2005年の韓国と1997年の日本

日韓「教科書右派」の誕生

現在の状況と似た現象は過去にも起こってはいた。親日派を清算する政局と既存の検定済み『韓国近現代史』教科書（6種）に対するニューライトの批判である。

盧武鉉《ノ・ムヒョン》政権〔在任期間：2003年2月〜2008年2月〕の時に、いわゆる「過去事〔植民地期から軍事政権期に起こった問題〕清算」が法的な基盤〔特別法〕を持って試みられ、これに抵抗しながら登場したのが「ニューライト」であったことはよく知られている。2004年3月に「親日反民族行為真相究明に関する法律」（以下、親日真相究明法）が、2005年5月には「真実和解のための過去事整理基本法」が制定された。この時期は日韓の右派たちの関係において、また、韓国の右派の分化において転換点であったと言える。

まず、日韓の右派は、2002年に火がついた朝鮮民主主義人民共和国の第二次核危機と日本人拉致事件で共通の反北〔反朝鮮民主主義人民共和国〕感情を共有し始めた。2004年3月に親日真相究明法が国会で成立してすぐに『産経新聞』ソウル支局長の黒田勝弘が書いた記事が非常に示唆的である。特別法は「左派や親北朝鮮的な傾向の強い若手議員が主導」しており、「親日派糾弾は、戦前の日韓関係のみならず戦後の日韓関係まで否定的に捉える一方、北朝鮮の共産独裁体制にはまともに目

を向けないという結果を生んでいる」と主張した。すなわち『産経新聞』の論調は「親日派清算を主張する勢力こそが親北左派であり、日韓両国の保守にとって共通の敵」であることを強調している。[*8]これは強固な「反北感情」に基づき、「親日対反日」の強力な構図をいかに相対化し、反日民族主義の地場から抜け出せるのかという韓国の右派の試みを意味している。

当時、オールドライトとは異なる考えと行動で保守革新のアイコンとして登場したニューライト集団に注目してみよう。ニューライト陣営には「自由主義連帯」「ニューライト全国連合」「先進化国民会議」の大きく三つの柱がある。ここからは自由主義連帯とその姉妹団体である教科書フォーラムを中心に見ていく。

ニューライトの「自虐史観」批判と日本の右派

自由主義連帯（代表：申志鎬《シン・ジホ》）は2004年11月23日、盧武鉉政権の「自虐史観」との戦争を宣布して設立された。韓国で「自虐史観」という用語を初めて用いたのは申志鎬である。[*9]申志鎬は2004年9月15日付のある新聞の連載コラムで「執権勢力の自虐史観」を以下のように問題視した。

私は北韓〔朝鮮民主主義人民共和国〕の政権以外に、建国と産業化、民主化に至った大韓民国の歴史を現在の政権ほど否定的に見る国と政権を見たことがない。そのような点で、現執権勢力は自虐史観の所有者たちである。[*10]

よく知られているように、「自虐史観」という言葉は日本の右派であるつくる会が、〔日本の検定済み〕中学校歴史教科書7種すべてに日本軍「慰安婦」問題について記述されたことを批判し用いた用語である。つくる会は1997年1月30日に設立された。西尾幹二（電気通信大学独文学）が初代会長を、藤岡信勝（東京大学教育学）が副会長を務めた。高橋史朗（明星大学）と小林よしのり（漫画家）なども参加した。河野談話（1993年8月）から村山談話（1995年8月）、女性のためのアジア平和国民基金（1995年）へと発展した時期にも大きくうごめかなかった日本の右派が1997年前後から反撃を始めた理由は、まさにこの中学校の歴史教科書が理由であった。すぐに日本の国会でも右派議員たちを中心に「日本の前途と歴史教育を考える若手議員の会」が結成され、5月には日本会議[*11]および日本会議国会議員懇談会が組織された。その中心に若手議員の安倍晋三がいた。[*12]

つくる会などは、戦後近代史教育で日本人は子々孫々、謝罪をし続けなければならないことが運命づけられた罪人のように扱われていると批判する。そして冷戦終結後に、つまり1990年代初頭から中盤にかけて、このような自虐的傾向がさらに強化されたと主張する。韓国のニューライトも日本の右派も、それぞれ、近現代史で極右／ファシズム／独裁政治による間違いを反省する歴史認識を「自虐史観」と見ているという点で互いにつながっている。共通して、国家（暴力）の過ちを反省する代わりに、美化したり、むしろ歪曲したりしている。たとえば、つくる会が作った歴史教科書は、朝鮮に対する植民地支配の合法性を主張し、植民地期を近代化という名前で正当化する。さらには日帝のアジア侵略戦争を「アジア解放戦争」として美化したり歪曲する。[*13]

申志鎬が日本の右派たちの造語を持ち出したのも金星出版社の『韓国近現代史』を批判するためで

ある。河棕文《ハ・ジョンムン》教授（韓神大学校日本学科）によれば、『東亜日報』が申志鎬の口を借りて「自虐史観」という単語を大々的に広め始めたとのことであるが、これに関しては興味深い解釈がある。『東亜日報』が保守「本家」の『朝鮮日報』と競争するために、ニューライトを保守革新勢力と捉え、〔それに〕「オールイン」したというのである。*14

韓国のニューライトと教科書フォーラム

自由主義連帯などのニューライトの集団はいわゆる「自虐史観教科書」の代案を作ろうとした。その結果として誕生したのがまさに「教科書フォーラム」である。教科書フォーラムは光復60周年である2005年1月25日に設立された。共同代表は、朴孝鍾《パク・ヒョジョン》（ソウル大学校倫理教育学科）、李栄薫《イ・ヨンフン》、車《チャ》サンチョル（忠南大学校歴史学科）が務めた。安秉直《アン・ビョンジク》（ソウル大学校名誉教授）、柳永益《ユ・ヨンイク》（延世大学校国際大学院）、李成茂《イ・ソンム》（元国史編纂委員会委員長）、李《イ》デグン（成均館大学校経済学部）、金《キム》ジノン（ニューライト全国連合議長）などが顧問を引き受けた。チョン・サンイン（ソウル大学校環境大学院）が運営委員長となり、金光東《キム・グァンドン》（ナラ政策研究院院長）、金暎浩《キム・ヨンホ》（誠信女子大学校政治外交学科教授）、柳錫春《リュ・ソクチュン》、金《キム》イリョン（成均館大学校政治外交学科）などがフォーラムの運営委員だったのだが、申志鎬もそのうちの一人であった。創立宣言文は「大韓民国は間違って生まれた国なのか？」から始まっている。右でも左でもない実事求是〔事実の実証に基づいて、物事の真理を追求すること〕を目指すと宣言しながらも、李承晩《イ・スンマン》を「建国の父」、朴正熙《パク・チョンヒ》を「富国の父」と評価するべきだという認識を明らかにしている。「大韓民国の未来世代はいつまで緋文字〔アカに対するレッテル〕が書かれた服を着ていなければならないのか?」と反問する部分では、既存の韓国近現代史の教科書、特に金星出版社の教科書に「親北」というレッテルを貼り批判している。

教科書フォーラムの親日派清算問題は、この時期のオールドライトとニューライトの間の葛藤、ニューライト内部での葛藤の問題と組み合わさり、鮮明になっていないという評価がある。それは2005年3月の「韓昇助《ハン・スンジョ》教授騒動」の時にもよく表れていた。韓昇助高麗大学校名誉教授は、産経新聞社の月刊誌『正論』に寄稿した文章で「政治権力の連続化のために親日行為を断罪する現左派政権の政治的意図」を批判し、「日本の韓国に対する植民地支配はむしろ非常に幸いであり、恨むよりもむしろ祝福すべき」であると述べた[*15]。

> 過去事を問いただすのだとしてもそれを通じて反省をさせるほうへと気持ちを向けないといけないのに、誰かれを打ちのめし、苦境に陥れ、不具にさせる世論狩りのような人民裁判は国を壊す亡国の道であり、愛国者を売国奴とするのであれば罰を受けるだろう[*16]〔『ハンギョレ』に掲載された、韓昇助が『連合ニュース』の電話インタビューで答えた内容〕。

韓国社会全体を熱くしたこの事件で右派も割れてしまった。韓昇助が代表をしていた自由市民連帯では世代間で葛藤が起こっていた。ニューライトを押していた『東亜日報』も「韓昇助史観は受け入れられない[*17]」と表明した。むしろ『朝鮮日報』が「ねじれた歴史観[*18]」であると非難しながらも、「弟子が恩師を告発する大学における親日派清算の姿」は「文化大革命時代の中国の大学と似ている」[19]という紋切り型の説明ではぐらかそうとした。池萬元《チ・マノォン》や趙甲済《チョ・ガプチェ》のようなオールドライトは「親日よりも親北のほうが悪い」と韓昇助に肩入れしたが、肝心なニューライト陣営は沈黙した。ニューライト集団の一部は盧武鉉政権と左派による「過度な」親日派清算問題という認識水準にとどまっており、反日民族主義自体を全面に問題としようとはしなかった。このような現状は、２００６年11月30日に起こった教科書フォーラム教科書事案発表（第６次シンポジウム）においても続いていた。[20]

論争が起き暴力沙汰にまで発展したのは、「四・一九（１９６０年３月に行われた大統領選挙における不正選挙に触発されたデモにより、李承晩が下野した事件、四月革命）」に対する評価が理由であった。「四・一九革命」関連団体は、教科書フォーラムが「四・一九」を「学生運動」とし、「五・一六（１９６１年５月に朴正熙などが起こした軍事クーデター）」を「革命」と歪曲したことに対し、物理的な手段をもって抗議した。これに対し教科書フォーラムが「四・一九革命」と命名し直し暴力沙汰は収まったが、事態は予想もしなかった方向へと転換した。オールドライトとニューライトの間に溜まったわだかまりが、主導権争いと合わさり浮き上がってきたのである。オールドライトの池萬元はニューライトに対し「一度、主思派（１９００年代中盤に登場した学生運動で金日成の主体思想を理念とする一派）だった奴は、永遠に主思派」と非難し、転向者の緋文字を刺激した。河棕文教授は、ニューライトたちはこのような状況にあって朝鮮民主主義人民共和国の（人々の）人権と民主化を強調する一方で、日本と協力するためにも反日民族主義については明確に批判しなければならないと考えたのだろうと述べている。[21]

3　2013〜2015年、反日民族主義を攻撃せよ

反日の視点は「従北左派偏向」？

2013年はニューライトの反日民族主義に対する攻撃が急進展した年である。朴槿恵《パク・クネ》政権が始まり、わずか数か月の間に韓国現代史学会のニューライト学者たちが執筆した『高等学校韓国史教科書』（以下、「教学社教科書」）が、国史編纂委員会の検定に合格した。その直後、韓国現代史学会の顧問であり「ニューライトの代父」と呼ばれている柳永益《ユ・ヨンイク》教授が、学界や市民団体、野党の反対にもかかわらず、国史編纂委員長に任命された。日本の植民地統治によって韓国社会が発展したという言葉は2005年の韓昇助《ハン・スンジョ》助教授が述べた時にはひどい非難を浴びる暴言であったのだが、2013年の柳永益にとっては〔委員長就任の〕所信を述べる言葉となったのである。一言で言うと、教学社教科書検定合格は一度きりの事件ではなく、ニューライトが非常に熱心に準備していた歴史戦の一環であった

「教学社教科書」に触発された歴史戦

教学社教科書への批判が歴史学界と教育団体を中心に全国民的運動として展開されるようになると、2013年9月17日、教学社教科書の代表筆者である権熙英《クォン・ヒヨン》（韓国学中央研究院教授）は、ニューライ

ト団体と共同記者会見を開き、韓国社会があまりにも「親日対反日」という構造にとらわれていると批判した。彼は教学社教科書を除く7つの教科書（金星、斗山東亜、未来N、飛上教育、天才教育など）がすべて反日的な傾向を持っていること自体が深刻な問題であるという詭弁も並べ立てた。さらに、教科書を反日の視点から書いたら「従北左派偏向」であるという論理も持ち出してきた。[*22]

教学社教科書は他の7つの教科書とは異なり「親日派」の実情と歴史をほとんど叙述しなかった。指導層の「親日派」については日帝が強要し迫ったので仕方なく協力しただけであり、自発的に親日行為をしたわけではないため責任を問うてはならないという。また、日帝の植民地支配のもとで暮らした人たちはほとんどすべて自発的に日帝に直接的・間接的に協力したと叙述し、これに徴用や徴兵も含めた。このことに対し、李俊植《イ・ジュンシク》（独立記念館館長）は、指導層の親日行為に免罪符を与えるだけでなく、強制動員された人たちをいきなり「附日協力者」とする「危険というレベルではなく、邪悪だと言えるほどの叙述」であると述べた。[*23]

それにもかかわらず『東亜日報』は、教学社教科書に加えられている集団リンチのような袋叩き〔の批判〕は魔女狩りのようであるとし、積極的な擁護にまわった。[*24] 与党であるセヌリ党員たちは歴史戦が始まったとして、教学社教科書の歴史認識を擁護し、検定の合格と採択を暗に支援した。事実の間違いは正さなければならないが、重要なことは〔歴史を捉える〕視点であるとし、右派の視点を反映した教科書を守らなければならないと述べた。[*25] 検定過程から教学社教科書を守るために立ち上がった教育部〔日本の文部科学省にあたる省庁〕の素早い行動は言うまでもないだろう。

ニューライトなどの韓国右派は、「教学社教科書を生かす運動」に総集結した。最初は２０１３年

9月27日に「正しい歴史国民連合」を作ることから始まった。セヌリ党の李仁済《イ・インジェ》、李恵薫《イ・ヘフン》、安商守《アン・サンス》議員などと、権煕英、朴世逸《パク・セイル》（韓半島先進化財団理事長）、金《キム》ジョンス（自由教育連合代表）など、右派の人物はもれなく参加した。500余りの団体が参加したと自ら広報していたが、常任議長13人、常任共同代表15人、運営委員の名簿を確認することができるだけで、実際の組織の構造や活動は知られていない。諮問委員の名簿には業績のある歴史学者らが多数含まれていた。金貞培《キム・ジョンベ》、シン・ヒョンシク、李《イ》ギドン、李培鎔《イ・ベヨン》、李《イ》ソンギュ、李成茂《イ・ソンム》、李《イ》イノ、李《イ》ジュヨン、車河淳《チャ・ハスン》などである。学界諮問団には、姜《カン》ギュヒョン、金《キム》セジュン、金暎浩《キム・ヨンホ》など社会科学分野の教授たちが参加した。このような人物が集まり、何をしたのだろうか。派手な顔ぶれに比べ、活動は微々たるものだったが、それでも10月24日に南北歴史教育比較セミナーを開催し、教学社教科書を除いた7つの教科書はすべて北朝鮮のものと似ている[*26]という破天荒で露骨な主張を並べ立てたことは記憶に残る。

教学社教科書の歩みの第一段階が終わった2014年2月6日に、韓国の右派は「歴史教科書対策汎国民運動本部」（以下、汎国民運動本部）を発足させた。大韓民国愛国市民連合、韓国キリスト教総連合会、公教育を生かす国民連合などを中心として、大韓民国枯葉剤戦友会、大韓民国在郷軍人会、全国私学法人連合会、韓国自由総連盟など、510団体が参加したという。「子どもたちに誇れる大韓民国の歴史を教えなければなりません！」というスローガンを打ち立て、驚くような今後の活動予定を公表した。「就学能力試験〔日本で言うセンター試験〕への出題と企業の入社試験の際に教学社教科書を含める、国定教科書の復活と編修機能〔教育部のなかにある教科書を編集・修正する組織〕の強化、高等学校に教学社教科書の採択を求める、建国記念日の制定」などであったが、「左派のテロに立ち向かう愛国市民結社体組織と支援者を募集」すると掲げたりもした。しかし、汎国民運動本部は正しい歴史国民連合のように常任の執行機構を作ったり、活動場所を作り日常的な活動をしていたわけではなかった。

教学社教科書を支持する団体を調査した金《キム》ユグン（全国歴史教師の会）は、二つの組織に参加した団体の多くが重なっていることを確認した。彼は、この間「愛国運動」をしてきたオールド／ニューライト団体ら、反全教組教育団体、保守保護者団体が中心となり、正しい歴史国民連合や汎国民運動本部という名前で開催する行事のたびにネットワーク化していき、ここに、権煕英、李《イ》ミョンヒ（公州大学校歴史教育科）など、教学社教科書の執筆陣、李栄薫《イ・ヨンフン》などの一部教授・専門家、趙甲済《チョ・ガプチェ》などの右派イデオローグが参加したのではないかと考えている。[*27]

政府、与党、右派たちの総力戦にもかかわらず、教学社教科書を採択した高校は最終的に1校だけであった。19校（私立16校、公立3校）が採択を試みたが、歴史教師、卒業生の同窓会、生徒と保護者などの反対を受け撤回した。これに教育部は編修組織を大幅に強化し、教育内容準拠案の執筆と、教科書執筆および検定に介入する余地を大幅に増やした。そして、完全に国定教科書の推進のための下絵を描き始めた。

歴史教科書国定化の試みは2015年9月に公になった。その直前にセヌリ党の金武星《キム・ムソン》代表が立ち上がった。彼は「進歩左派勢力がこそこそとうごめき、未来に責任を持つ子どもたちに否定的な歴史観を植えつけているので、この問題を解決するために歴史教科書を国定教科書に変えるための努力を現在行っている」とし、突如として教科書国定化の議論を巻き起こした。2015年9月2日、彼は定期国会交渉団体代表演説で、国定教科書の導入を必ず推進すると明らかにし、10月12日、教育部の大臣は国定化の方針を通達し、11月3日には国定化確定談話を発表、告示した。

執筆陣と右派団体が前面に立ち歴史戦を起こした教学社教科書の時とは異なり、歴史教科書の国定化は、青瓦台、政府、与党が、水面下で作業をした後、約3か月の間に一方的に公にし、決定した。与党であったセヌリ党は「金日成の主体思想を我が国の子どもたちが学んでいます」という煽情的な横断幕を掲げ、大混乱が起こった。

教科書「反動」と歴史戦

2011年に発足した韓国現代史学会が「韓国版つくる会」であったということは、既存の研究によってすでに明らかになっている。教学社教科書の日帝植民地支配期の叙述はつくる会が編集した扶桑社教科書と双子のように瓜二つだという評価も多い。日帝の植民地支配を美化し、親日派を擁護するなどの歴史歪曲だけでなく、検定の過程でも明らかになった多くの叙述の間違いはもちろん、採択率が非常に低調であった点もよく似ている。

このような驚くべき同質性のせいだろうか、教学社教科書が検定に合格した後、日本の右派は大歓迎した。2013年9月21日付の『産経新聞』は、「実はこうした圧力を韓国はこれまで官民挙げて日本の新教科書に対してかけてきた。韓国にとって今回の『新教科書騒ぎ』は、これまでの日本の教科書問題に対する韓国からの度の過ぎた介入を振り返り、反省するいい機会」であるという記事を出した。2013年10月6日付の『読売新聞』でも「歴史問題などで日本との関係が冷え込む韓国で、日本統治時代を一部評価する教科書が今年初めて教科書検定を通過し、歴史観を巡る論争を巻き起こしている」と紹介し、教学社教科書が日帝時代と以後を経済発展の観点から再評価していると肯定的に報道した。[*28]

『産経新聞』と『読売新聞』の反応は1回では終わらなかった。「安倍首相の外交の師」と呼ばれる中西輝政（京都大学名誉教授）は『正論』（2013年2月号）に掲載した文章で、日本がはらんでいる問題は国家観の欠如であると同時に、韓国と中国がしかける対日歴史戦であると主張した。

日本人の誤てる「歴史認識」こそ、ミサイルや核武器よりもはるかに恐ろしい脅威を日本に及ぼしていることを理解しなければならない。日本人が早急に本来の独立主権国家としての歴史観を再建しないことには目前の国の存立が危うくなっている。いまや我々一人一人の歴史観こそが、この「歴史戦争」における安全保障の最後の砦なのである。[*29]

2013年7月29日、日本では「慰安婦の真実国民運動」（以下、国民運動）が結成された。代表はつくる会の顧問で、日本会議の代表委員であり、さまざまな極右団体の黒幕であると言われている加瀬英明であった。国民運動は、河野談話撤回を追求し、「主戦場」である米国での日本軍「慰安婦」追悼碑と少女像の設置に対抗することを目標として作られた右派団体のネットワーク組織である。参与団体は「慰安婦」否定運動を展開してきた、なでしこアクション、そよ風などの行動保守系団体と、パネル制作団体、幸福の科学系の「論破プロジェクト」など多様であったが、事務局はつくる会におかれた。また、国民運動はトニー・マラノのようなユーチューバーを支援するために藤木俊一が組織した「テキサス親父」日本事務局長とも深い関係がある。それ以外にも、日本の右派の外国人スピーカ

〈表1〉『正論』(2013年5月号〜2015年12月号)
歴史戦争または「慰安婦」関連特集

号数	特集企画
2013年5月号	歴史戦争に勝つ
2013年8月号	「慰安婦」包囲網を突き破れ!
2013年10月号	韓国につける薬はあるのか
2013年12月号	慰安婦問題，反撃の秋／大東亜会議70年目の真実
2014年1月号	朝鮮統治・慰安婦　日本の名誉と真実の闘い
2014年2月号	裁かれた反日動物園　NHK「JAPAN デビュー」訴訟／「日本の歴史」復権の幕を上げよ
2014年4月号	激化する歴史戦争に立ち向かえ／「戦後脱却」の精神史的探究
2014年5月号	慰安婦・歴史戦争，我らの反撃
2014年6月号	歴史戦争，勝利への橋頭堡
2014年7月号	韓国・中国への反転大攻勢
2014年8月号	歴史戦争，反撃を緩めるな／日本を貶めて満足か！　朝日新聞へのレッドカード
2014年9月号	河野談話検証と韓国人米軍慰安婦
2014年10月号	朝日新聞炎上
2014年11月号	堕してなお反日，朝日新聞
2014年12月号	発掘特報！　軍・官40人が遺した汚名への反論／度し難き朝日新聞の無責任
2015年2月号	朝日新聞を追撃する／戦後70年　火を噴く歴史戦争
2015年3月号	戦後70年と朝日・慰安婦問題
2015年4月号	朝日新聞，反日は健在なり／アジアは忘れない戦後70年の大東亜戦争肯定論
2015年5月号	戦後に終止符を／歴史戦争・慰安婦戦線の現在
2015年9月号	世界遺産──「強制」に勝ち誇る韓国，むざむざ騙された日本／終戦70年　歴史の復権はこれからだ
2015年10月号	安倍談話と歴史復興への道
2015年11月号	中韓の反日に汚される世界遺産
2015年12月号	「南京」と堕ちたユネスコ・国連
2016年3月号	「慰安婦」戦，いまだ止まず

ーの役割をしているジャーナリスト、ヘンリー・ストークス（Henry S. Stokes）、俳優兼弁護士であるケント・ギルバート（Kent S. Gilbert）、作家マイケル・ヨン（Michael P. Yon）、米国の大学院生ジェイソン・モーガン（Jason Morgan）〔現麗澤大学国際学部准教授〕などを支援している。[*30]

〈表1〉[*31]からは、『正論』だけでもこの時期から歴史修正主義的な特集企画が頻出していることがわかる。内容としては代わり映えのしない否定論が繰り返されているにすぎないが、形式的に見ると「声が大きいほうが勝つ」という戦略を非常に忠実に行動に移しているものであった。日本国民が否定論に慣れてしまうように意図したのである。

特集企画のタイトルから明らかなように、右派が被害者の位置を守っている点も興味深い。「反撃」「包囲網」「対抗」「反転大攻勢」などの単語から明らかなように、右派によると歴史戦は相手が仕掛けてきた闘いである。能川元一によれば、日本軍「慰安婦」問題についての日本政府の責任と解決のための努力を求める運動は、誰かの邪悪な意図と企みに応じるために始まったと右派は考えている。このような右派の被害者意識が、韓国や中国という外部の敵、それとつながる内部の敵である『朝日新聞』と日本で「慰安婦」問題を支援する市民運動への攻撃となるのである。[*32]特に、2014年8月5日と6日に朝日新聞社が自己検証を行い、済州島での朝鮮人女性強制連行を証言していた吉田清治の証言に関した記事を撤回することを表明すると、『朝日新聞』の日本軍「慰安婦」関連報道全体を問題として集中的な攻撃が行われた。

日本の右派たちが日本の歴史戦での勝利を確信したように、2011年から日本の〔中学校の〕歴史教科書から「慰安婦」の記述は完全になくなった〔2021年度用教科書では新規参入した学び舎と山川出版社の教科書に記述されるようになった」。つくる会系列の教科書が二つに増え（扶桑社→自由社、育鵬社）、採択率も2001年の0・039パーセントから2005年0・39パーセント、2011年3・8パーセント（育鵬社3・7パーセント、自由社0・07パーセント）、2016年6・3パーセント（育鵬社6・3パーセント、自由社0・04パーセント）へと増加した。一方で、日本軍「慰安婦」問題を最も忠実に記述してきた日本書籍（2005年に日本書籍新社と出版社名変更）の採択率は、1996年13・7パーセント、2001年5・9パーセント、2005年3・1パーセントと減少し、2011年には検定申請を諦めた。[*33]

2014年1月17日に日本の文部科学省は教科書検定の基準を強化するという措置を発表した。「特定の事柄を強調しすぎていたりすることはないこと、近現代の歴史的事象のうち、通説的な見解がない数字などの事項について記述する場合には、通説的な見解がないことが明示されているとともに、児童生徒が誤解しないようにすること、閣議決定その他の方法により示された政府の統一的見解や最高裁判所の判例がある場合には、それらに基づいた記述がされていること」という内容であった。これを小学校の社会科と中学・高校の歴史・地理・公民に適用するということであるが、仮に日本軍「慰安婦」問題が〔教科書に〕記述されたとしても、現在の日本政府などの歴史修正主義的な立場が反映されることを意味している。[*34]

2013年の教学社教科書の出版と、2015年の国定教科書という「バックラッシュ」は韓国のニューライトが起こした教科書「反動」と歴史戦に限られるものではない。日本の右派の歴史修正主義／歴史否定論が相互に参照しているもので、さらにはグローバルな歴史修正主義とも同じ流れをくむ。

韓国と日本の右派が共通して目標としたものは、韓国の「反日ナショナリズム」の活動を大きく萎縮させることである。しかし、皮肉にも、反日ナショナリズムを攻撃する日韓の右派こそが超国家主義的・国粋主義的（ウルトラナショナリズム）な傾向を強く持っている。日韓の右派が共通して攻撃しようとしたものは「ナショナリズム」ではなく反日だったのである。

2019年、韓国のニューライトを代弁する李栄薫と落星台《ナクソンデ》経済研究所は、大韓民国の危機の根源に「従北」に加え「反日」、それも「我々の中の反日」を種族主義であると非難し、正面から闘いを仕掛けている。ニューライトは植民地近代化論の視点から李承晩《イ・スンマン》政権の建国と朴正熙《パク・ジョンヒ》政権の産業化を肯定的に叙述し、自由民主主義の観点から民主化について偏った捉え方をし、ついには親日派清算の基盤である反日ナショナリズムに対して攻撃している。『反日種族主義』が先鋒となりその役割を担っているのである。

4 『反日種族主義』の方法と論理

「反日種族主義」とは

『反日種族主義』で語られる「反日種族主義」とは何だろうか。李栄薫《イ・ヨンフン》によると「お金と地位を最高の価値とする精神文化が物質主義にからめとられ」ている。「韓国人の精神文化は物質主義は性的快楽を追求する肉体主義」でもあり、「動員の時代が過ぎ」「自律の時代が幕を開け」「物質主義が国内外の政治として表出したものが他でもない種族主義」[※]であり、「シャーマニズム、物質主義、種族主義は、お互い深く通じ合って」いるとする〔日本語版335〜336頁〕。

一言で要約すると、嘘の文化、そして丸裸の物質主義と肉体主義が特徴であるシャーマニズムにしばりつけられている種族や部族への敵対感情が、隣国日本に向かっているものを反日種族主義であるというのである。彼は、なぜ韓国の民族主義ではなく種族主義と言うのかについて、次のように自問自答する。「韓国の民族はそれ自体で一つの集団であり、一つの権威であり、一つの身分」で、「むしろ種族」である。これは、「自由で独立的な個人」の新しい共同体意識から登場した「西洋で勃興した民族主義とは別のもの」である〔日本語版24頁〕。

彼は韓国の「反日」感情を問題視するにとどまらず、民族主義を種族主義だと貶めている。学界で議論されてきた種族（ethnic）という用法は李栄薫の視点からは無視される。彼は意図的に「種族や部族（tribe）」がまるで同じかのように「一括り」にし、韓国人は隣国を変わらない悪の種族として敵対する感情にとらわれている部族であり、未開な集団心象と精神文化を持っている部族であると断言する。このように見ると、彼は部族主義（tribalism）を種族主義だと呼称している。そして、韓国の研究者たちは多くの嘘をつき、その嘘が反日種族主義を再び強化していると主張するのである。

※　この文は、原著では記されているが、日本語版では脱落している。

口に合うものだけを選別した資料と統計による事実歪曲とヘイトスピーチ

李栄薫は韓国の嘘の文化を立証すると述べながら各種の統計と数値を羅列する。表と図で数値を示す客観的な実証科学の様相をとりながら、これこそが「基本的事実」であると主張する。これが数量経済学的に経済史を研究しているとする落星台《ナクソンデ》経済研究所の方法である。

しかし、統計と数字だけであるがままの真実を明らかにできるだろうか。ましてや李栄薫などがそれほどまでに好む「基本的事実」をたくさん用いても、真実はそれだけでは明らかにならない。しかも被害者の証言は客観的事実ではないので歴史の資料として認められないというカビの生えたような昔の実証史観に対しては、ここであえて最新の歴史方法論を論じる必要さえも感じられない。歴史を否定する者たちが実証主義を武器として活用するのは、昨日今日に始まったことではない。下からの被害証言を否定する者たちが、加害事実を（公）文書を通じて実証主義的に立証しろと要求するのは、新しいことではないのである。

百歩譲って、統計と数値によって基本的事実を論じる方法に限ったとしても、細心の注意が必要であるということを強調したい。誰が、どのような目的で、資料（データ）を調査し、定義を決め、どのような項目またカテゴリーに分けたのかという文脈、つまり統計的な知識生産の文脈を考慮し数字を理解し分析しなければならない。たとえば、朝鮮総督府の統計年報の統計値は、植民地知識権力の目的と効果という面から批判的に検討され、分析され、活用されなければならない。『反日種族主義』には、不完全な統計や一部の事例を選別し全体を歪曲する方法、統計値に対する恣意的な分析がそこら中に見られるが、これを基本的事実であると前提し展開する主張は歪曲に満ちあふれている。冒頭のプロローグから、韓国は嘘の国であり、韓国人は嘘の国民であるというひどい主張をし、その主張の根拠として事実を示そうと羅列する数値は、李栄薫の研究の実証主義を形骸化させているだけでなく、極端な目的論的誤謬（Teleological fallacy）と一般化の誤謬（Fallacy of hasty generalization）を犯しており、つり合わない主張で、醜悪な姿を示している。

具体的には李栄薫は、韓国と日本のさまざまな犯罪統計のうち、偽証罪と誣告《ぶこく》罪（虚偽告訴罪）だけを選び出し比較をする。「二〇一四年だけで偽証罪で起訴された人は一四〇〇人です。日本に比べ一七二倍だといいます。人口を考慮すれば、一人当たりの偽証罪は日本の四三〇倍になります。虚偽に基づいた告訴、すなわち誣告の件数は五〇〇倍だといいます。一人当たりにすれば日本の一二五〇倍です」（日本語版14頁）。

韓国では趙甲済《チョ・ガプチェ》が好んで使っていた手法で、日本でもこのような類型の嫌韓報道が多くある。偽証罪と誣告罪に関した日韓の統計を比較し、これが「韓国が世界一の詐欺大国であり、腐敗大国である証拠」だと主張する。しかし犯罪学関連の専門家たちは「各国の犯罪統計を収集し分析するシステムが異なるだけでなく、犯罪の構成要件が国によって違うので単純比較するには限界がある」*35と異口同音に話す。たとえば韓国と日本の司法体系で告訴告発の受けつけ方に大きな違いがあることも考えなければならない。韓国は告訴・告発した場合、ほぼすべて受けつけてもらえる。告訴・告発の手続きが非常に簡素で、告訴・告発人の便宜を受け入れる制度が整っている。一方、相対的に個人間の仲裁制度や民事訴訟のための制度は不十分である。反対に日本は相対的に告訴・告発を受けつけてもらうのが非常に困難である。日本の捜査当局は刑罰に問うのが難しいと思われるような軽い詐欺や横領などの案件は受けつけや受理をしない場合が多いという。そのため、告訴・告発の前に各種の仲裁制度と民事裁判を利用するのが一般的な形態としてあるわけである。つまり、日本では刑事手続きに任せないで個人間の仲裁制度で解決する事件でも、韓国では犯罪として〔先に〕告訴・告発し、捜査が終わったら起訴される。そのため、チャン・ジェウは以下のように話す。「韓国の司法体系では民事の代わりに刑事告訴を誘導する要素が多いため、控訴が過度に頻発する。この過程で（他国にあっては刑事犯罪とはなりえないような）詐欺の頻度が高まることはもちろん、誣告や偽証の頻度も高まる余地が多く残っている。告訴の手続きと受理が容易なので、虚偽告訴や無理な告訴も増加し、法廷での争いも多く起こるので、偽証が起こる余地もやはり増える」。チャン・ジェウは、李栄薫がこのように国家間の司法体系の違いを無視し、自分の主張に合った資料と統計だけを選んで現実を誤ったほうに導くことも問題であるが、「実に悪質なことは犯罪統計で『国民性』を判断するという行為それ自体」であると言う。このような行為が穏当であるとするならば、因果関係をひっくり返した民族・人種・女性ヘイトの発言がのさばるようになるだろう。[*36]

「声が大きいほうが勝つ、騒ぎ立てろ」

李栄薫の論理は確証バイアス〔自分の考えを証明する証拠を探し、反証に注目しないこと〕に陥っている。彼は嘘の政治の例としてMBCのPD手帳〔報道番組〕での狂牛病に関する報道や朴槿恵《パク・クネ》大統領の弾劾、セウォル号追悼のテント〔2014年に起こった大型旅客船沈没事故を追悼する場所〕を「嘘の狂乱」としてあげている。「女性を蔑視し下に見る韓国人の集団心性が作り上げた嘘」だとか「嘘のテントは人々を強迫していました」「魂は死んだが肉体は生きて動くゾンビたちでした」〔日本語版17頁〕というような表現で韓国人が嘘の狂乱に陥っていると主張する。彼は、歴史学と社会学は嘘の学問の温床であり、特に韓国の近現代史には嘘が横行しており、日本軍「慰安婦」問題にいたっては嘘の絶頂に達すると主張する。最近下された大法院〔最高裁判所〕の強制動員判決も嘘の裁判であると断言している。

韓国が嘘の国で韓国人は嘘つきの国民であると主張するために羅列するそのような論拠は、あまりにも恣意的で核心からそれており、論理も貧弱極まりない。しかも、そのような嘘をつかない韓国人もいると暗示している。MBCのPD手帳やセウォル号のテントを批判したり、弾劾された朴槿恵大統領を擁護する人々、同時に植民地近代化論をほめたたえ日本軍「慰安婦」の強制動員と性奴隷制を否定する人々、大法院の強制動員判決を非難する韓国人たちのことである。そして、自分と落星台経済研究所の学者たちは「真の愛国者」であり、基本的事実関係を追求し、どんな抑圧にも愛国者として屈しないと断言する。

このような内容を見ると日本の右派たちの方法と論拠がオーバーラップする。彼らは事実を裏づけたり証拠となる資料があるのかと問うが、その核心は資料があるか否かではなく、フレーム争い（ののしり合い）なのである。少しレベルの低い言い方をするならば、「声が大きいほうが勝つ」と言えようか。歴史的事実に対する日本の右派の冷笑主義（またはリアリズム）と似ている。[*37] 繰り返して言うと、「とりあえず歴史的事実というものがまったく確実なものではなく、そこには多様な政治的意図が適用されていることを示しながら、歴史に対して冷笑的な態度をとらせる[*38]」のである。

つくる会の会長であり東京大学教育学部の教授であった藤岡信勝は、自由主義史観研究会の時代から学生が主体的に参加する討論式の歴史の授業を強調してきた。彼は社会的通念や当然視されている歴史認識から抜け出して、社会の権威に挑戦する人間を育てることを目標として、「日露戦争は必要だったか、必要でなかったか」「韓国併合は不可避だったのか」「大東亜戦争はアジア解放戦争だったのか」というようなテーマを与え、右派の見解を相対化し、合理化しようとした。これを通じ、事実上、学生らが「不可避な戦争」「良い戦争」もあるのだという考えを持つように誘導するのである。[*39]

事実はあふれかえっているが真実はすぐには現れないと言いながら、日帝の植民地支配と侵略戦争に対する支配的な歴史認識も真実でないかもしれないので討論を通じ事実を確認し、再構成して真実に近づいてみようと提案する。植民地支配と戦争には、被害者が明らかに存在し被害事実はあるが、右派たちはその被害事実とは異なる「ファクト」または「基本的事実」を打ち立て、まるで相反した証拠が互いに攻防しているかのように「事実」を相対化し、真実を確実に雲散霧消させようとするのである。事実や真実、真実性を語ろうとすると、「ヒップ」〔流行やトレンドに精通している人のことを意味する俗語〕でなかったり「ファクト蟲《むし》」〔事実を執拗に問いただす人に対し害虫のような存在であることを意味するネットスラング〕であるとヘイトする。このような状況において被害者と被害事実は、存在していても消されてしまうのである。

　右派の論者である佐瀬昌盛の主張はもっと露骨だ。〔物事を〕１００パーセント証明できる人は誰一人いないので、すべての事実は論証の問題ではなく、説得力の問題であると述べる。彼は最後まで証拠を要求し続けろとしながら「論証において怪しくとも、熱心、かつ声高に、さらには確信的に自説を唱えるのが有効である」と言う。そのように「歴史認識『対日包囲網』を突破しようとする戦いこそが『歴史戦[*40]』」であると主張する。

　このような主張、論理、方法の源は、１００年前にさかのぼった１９１９年にも見られる。チェ・ウソクによると、「三・一運動」直後の朝鮮総督府の機関紙のうちの一つであった英字新聞『ソウルプレス（Seoul Press）』はその年の3月20日の報道記事で「平均的な韓国人は嘘つきであることは悪名高い事実」であるだとか、「韓国人はあらゆる種類の噂を作り、広めることに長けている」と罵倒した。このような主張で、韓国人が見て経験した「三・一運動」の展開と弾圧の様相についての話は、すべて誇張されたもので嘘であるとしたのだ。『ソウルプレス』は女学生が警察署で拷問を受けて死亡したというニュースや西大門監獄の囚人たちが拷問を受け死亡したというニュースもすべて事実無根の嘘であると一蹴している。韓国人は嘘つきで、それを信じて外部に広めている宣教師も嘘つき、それを報道する海外メディアも嘘つきであるとし、「三・一運動」弾圧に対する批判を抑え込もうとしたのである。[*41]

「植民地朝鮮人は未開な嘘つき」だと罵倒していた100年前の日帝の認識が、日本の嫌韓メディアと日韓右派を経て、2019年に李栄薫の言葉と文章を借りて再び登場した。李栄薫と『反日種族主義』の著者たちは、韓国の反日ナショナリズムを「反日種族主義」として貶め、「親日対反日」という構図を崩そうとしている。しかし、そのようにすればするほど「親日派」の罠は李栄薫たちをさらに締めつけることになるのではないだろうか。だから韓国の反日ナショナリズムを目の敵にし、嫌韓発言をしてきた日本の歴史否定主義者たちも李栄薫などの「親日」行為をより好ましく思うのだろう。その結果、皮肉にも「親日対反日」の構図は、これまでにも増して強固になっていくのである。

第2部

『反日種族主義』の主張を批判する

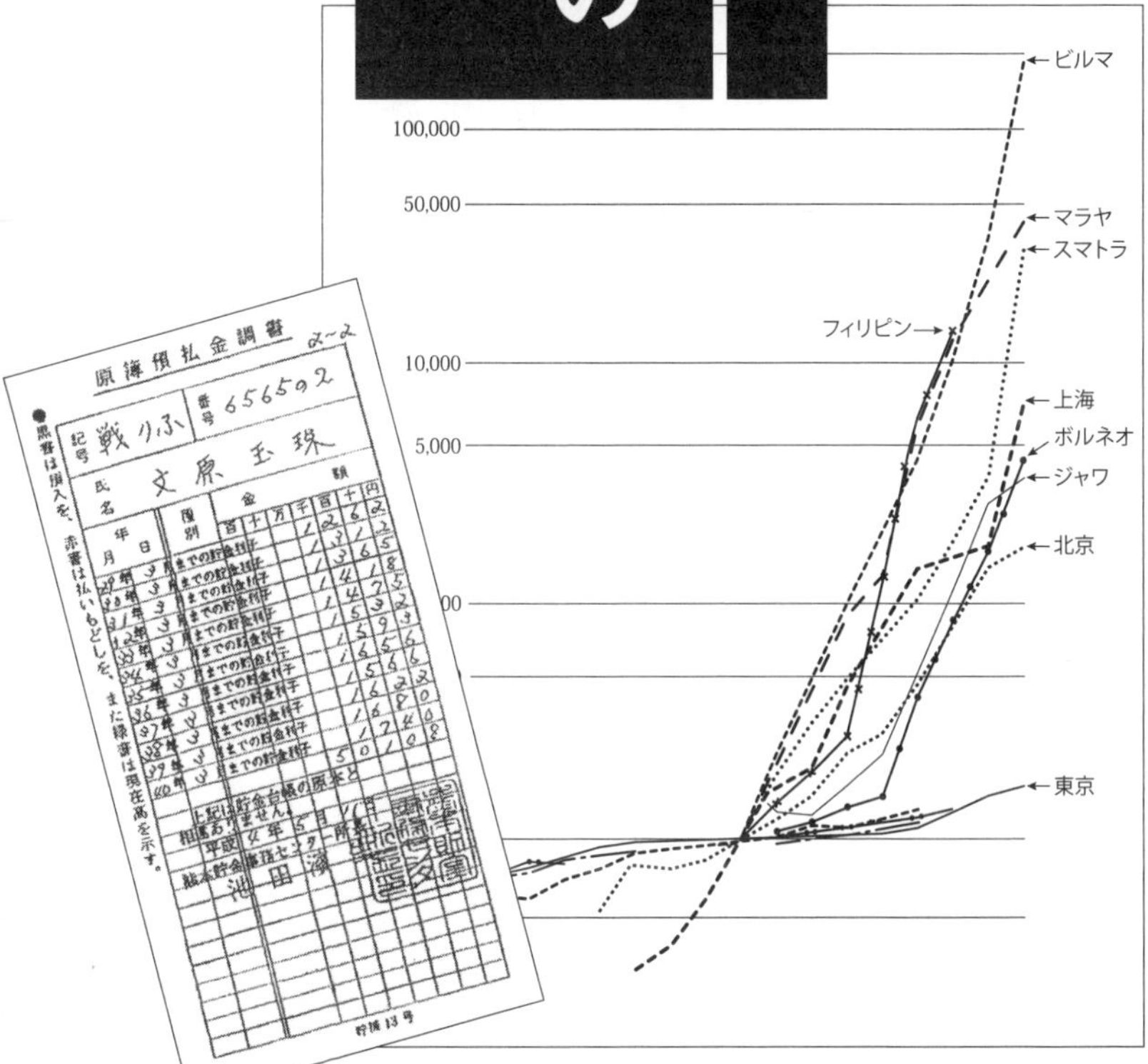

1 日本軍「慰安婦」は「性奴隷」ではなく稼ぎの良い「売春婦」だった？

『反日種族主義』では「慰安婦」問題について、李栄薫《イ・ヨンフン》が書いた「我々の中の慰安婦」「公娼制の成立と文化」「日本軍慰安婦問題の真実」と、朱益鐘《チュ・イクジョン》が書いた「解放後の四十余年間、慰安婦問題は存在しなかった」「韓日関係が破綻するまで」など合わせて120頁余りの5編の文章が掲載されている。李栄薫は日本軍「慰安婦」問題を「反日種族主義」の牙城とし、本のクライマックスに配置した。

この本では、2004年にMBC深夜討論に出演し日本軍「慰安婦」は商業的な目的を持った公娼で売春婦であると述べたことで世論の反発を受け、「ナヌムの家」（ソウル郊外にある慰安婦サバイバーが共同生活を送る場所）を訪れ「慰安婦」被害者などに公に謝罪をした李栄薫の姿は見られない。

彼は2007年、『大韓民国のはなし』（キパラン）を出版した。ここに掲載された「日本軍慰安婦問題の実態」と「その日、私はなぜそのように語ったのか」で、自分の考える日本軍「慰安婦」問題に対する理解と立場を明らかにし、2004年の出来事について経過を釈明した。この本は『解放前後史の再認識』（2006年）を解説する講義録の形式をとっているが、実際には李栄薫が自身の歴史観に合わせて他の著者の文章を「再解釈」したものであった。ただ、日本軍「慰安婦」に関しては、ニューライトの観点から読み解いた他のテーマとは異なり、「国内外の通説を示す学説を取り上げ、慰安婦問題の歴史的性格に関する立場を説明した」とする。しかし、この後、「12年の研究の末」に、日本軍「慰安婦」問題に関する彼の立場は完全に変わってしまった。

「慰安婦＝性奴隷説」否定の背景

そのきっかけについて李栄薫自らが明らかにしたことがある。彼は太平洋戦争末期に軍人や労務者として〈戦場や日本に〉赴いた50名余りの人物にインタビューし、彼らの記憶の中にある「慰安婦」について聞き取りをしたという。さらに、朝鮮時代の奴婢制を研究し、妓生制の実態と本質を学び、「妓生制こそが軍慰安婦の歴史的源流だったんだな、と考えるようになった」という。また、公文書を調査し、1943年から44年のビルマとシンガポールで日本軍慰安所の管理人として働いていた朴治根《パク・チグン》の日記を発掘し、翻訳、出版することで「慰安所の女性たちが廃業の権利を持っていたというとても驚くべき事実を確認した」と主張する。「慰安婦」被害者の文玉珠《ムン・オクチュ》の回顧録でもこれを確認し、「日本で行われてきた近代公娼制および慰安所制に関する重要な研究成果をすべて入手し、精密に検討」した結果、「日本軍慰安婦制は、近代日本が運用してきた公娼制の一環であった」という事実を悟ったと述べた。

最後に、彼にとって「決定的に影響を与えたのは1964年から67年に作成されたソウル大学校保健大学院の学生たちの民間慰安婦と米軍慰安婦の生活実態に関する修士論文」であり、「大韓民国政府が毎年作成した〈保健社会統計年報〉を検討した結果、解放後にも慰安婦制が存続していたことを確認できた」とする。繰り返すと、「日本軍慰安婦制度は、1937年から45年だけのことではなく、解放後には民間慰安婦、韓国軍慰安婦、米軍慰安婦の形態として日帝下よりももっと多くの女性たちが慰安婦として存続しており、彼らの衛生状態、健康状態、所得水準、業者との関係などは、公権力の保護を受けられず、日本軍慰安婦よりももっと残酷だったたという事実を知ることになった」というのである。[*1]

この事実は私に日本軍慰安婦問題を15世紀まで遡らさせ、〔私は〕国家による、支配層による、家父長による、男性による女性の性に対する略取の歴史を全面的に整理し直すうちに、その歴史的位相を正しく定立しなおす必要があるという研究課題を痛感しました。そのためまず初めに、今回出版した『反日種族主義』という本の第3部に掲載した3編の論文を書くことになったのです。研究者に「あなたはなぜ変わったのか」と尋ねることは正しくないと思います。（中略）変化しない研究者は正しい意味での研究者ではないかもしれません。ただ、変化する過程を精密に記録し明らかにする必要があります。これを隠すと混乱します。他人に混乱を与えるためです。何か政治的な意図があるのか、と誤解をされたりするかもしれません。私は今回の本で、私が変化した事情をきちんと説明しました。以前は吉見教授の性奴隷説をとっていましたが、今、見てみると多くの問題がある、日本軍慰安婦は基本的に廃業の権利と自由を持っていた、そのような理由で性奴隷であると規定することはできない、吉見の学説は間違っているようだという私の新しい立場を明らかにしました。

たぶん慰安婦性奴隷説を国内で公に否定する研究者は私が最初ではないかと思います。（中略）

朴裕河《パク・ユハ》教授が裁判に提出した膨大な資料を検討したら、慰安婦を官憲が連れていったという通念は、日本ではもう長い間否定されており、国内でもこれ以上そのような主張を強く述べる研究者がいなくなっているのが実情であると知ることができます。私は朴裕河教授の後に続き、慰安婦＝性奴隷説を否定する最初の研究者となったわけです。

この二つの新しい学説と主張で日本軍慰安婦問題に関する再検討はほとんど不可避となったと考えます。私をここまで導いてきたものは、ただただ資料に忠実に、歴史の実態をそのまま明らかにする研究者の基本姿勢、それ以上でも以下でもありません。[*2]

研究者の観点と主張の変化のきっかけに対する評価は重要である。李栄薫が自ら話したことをまず額面通り受け止めたとしても、言及された資料と研究が研究者の立場の変化にどのように作用したのか確認する必要がある。

李栄薫は主に秦郁彦の『慰安婦と戦場の性』（1999年）と朴裕河の『帝国の慰安婦』（2013年、日本語版2014年）くらいが日本軍「慰安婦」に関する自身の先行研究であると認めている。秦郁彦は日本の右派の中でかろうじて学術的だと言える軍隊・戦争研究者であり、安倍総理と日本の右派の理論的な師として知られている。彼は早くから済州島での「慰安婦」強制連行を告白した吉田清治の証言の信憑性を疑ってきた。[*3] 彼の作業は2014年6月に行われた安倍政権による「河野談話」の検証、同年8月に朝日新聞社が自ら「済州島での連行証言」に関する記事を虚偽と結論づけ撤回した「検証」にまつわる騒動を作り出すことに大きく寄与した。そのような秦郁彦の主張を鄭栄桓《チョン・ヨンファン》は永井和教授の議論を引用しつつ次のように整理している。

① 慰安所は軍の要請によって作られたとしても、基本的には民間の売春施設であり、軍が必要とするサービスを提供したにすぎない。当時は公娼制度が存在しており、売春は公認され、合法であった。慰安所は戦地・占領地に拡張された公娼制度であり、決して違法なものではない。

② このような前提で、軍は民間の戦地公娼施設である慰安所の利用者にすぎず、慰安所に対して軍の関与があったとしても、それは戦地という特殊な状況のもとで、公娼制度を維持するために必要な措置だったのであり、軍および政府は慰安所業者が違法な行為を行わないように取り締まっていたのである。「よい関与」だった。

③ 「慰安婦」は自己の意思によって就業したのであり、その性的労働に対してきちんと対価を得ており、平均すれば高収入であった。決して性奴隷などではない。身売りされた者もいるが、それは合法的な契約によるもので、本人も納得ずくである。また悪い業者にだまされて誘拐された者や拉致された者もいたかもしれないが、それら犯罪行為は民間業者の仕業であり、軍の責任は問えない[*4]。

④ 「強制連行」（官憲や軍隊による組織的な人さらい的連行）を支持した公文書は見つかっていない。女子挺身隊と「慰安婦」は違うが、韓国ではこれを混同している。朝鮮では女子挺身勤労令が適用されなかったが、官の指導斡旋のもと朝鮮の女子挺身隊を動員した[*5]。

秦郁彦は犯罪の責任を問うのであれば、軍「慰安婦」を募集した民間業者等に問うべきで、国家

（政府）や軍に問うことはできないと主張した。軍の下部組織で人間狩りのように強制連行の事例があったとしたら、それは下部組織と将兵個人に問わなければならないということである。永井は秦が「日本軍無罪論」を意図し、構成したと評価する。李栄薫も〔『反日種族主義』の中で〕秦の主張に非常に類似した形で反復する。

① 日本軍慰安婦制は合法的な民間の公娼制が軍事的に動員され編成されたものである。軍直営慰安所があったが、ほとんどは軍が民間の店を軍専用慰安所として指定して厳密に管理した。

② 「軍の要請」にとどまるのではなく、軍が慰安所を管理統制した。しかし、軍の管理は厳格で、業者の中間搾取は統制された。

③ 「慰安婦」業は「慰安婦」個人の営業であり、高収入、高労働、高危険であった。「慰安婦」は自己廃業の権利と自由を持っていたので性奴隷ではなかった。

④ 強制連行に関した文書で立証されない「慰安婦」被害者の「強制連行」の証言は、資料として認められない。誘拐や就労詐欺はあっただろうが、奴隷狩りのようにしたのではなかったので、強制連行はなかった。韓国では「慰安婦」と女子挺身勤労隊を混同している。女子挺身隊として動員され「慰安婦」となった事例はただの一つもない。

秦郁彦が日本軍無罪論を主張したとすれば、李栄薫の意図はどこに向かっているのだろうか。李栄薫は日本の国家や日本軍はもちろん、業者にさえも法的責任を問わない。それよりも業者に朝鮮の女性（娘）を売った戸主制家父長制と貧困階層の未成熟な家庭倫理に責任を転嫁する。さらには「慰安婦」被害者を「韓国挺身隊問題対策協議会」（以下、挺対協）が操っていると主張し、挺対協を韓国の反日種族主義としてレッテルを貼り、でたらめな怒りを爆発させる。

李栄薫「たち」にとって日本軍「慰安婦」とは

秦郁彦の主張は20年間繰り返されてきたものである。彼の主張は〔今や〕李栄薫など韓国のニューライトによって反日種族主義のフレームとして脚色され、ねじ曲げられ、歪曲された論理として繰り広げられている。これを批判的に反駁する資料や論拠、主張はおびただしい。これまでの20年以上の間に、日本の右派たちが歴史否定論の視点から歪曲された「ファクト」を用い、実証主義として覆い隠した主張を展開すると、「慰安婦」被害者とともに活動してきた研究者や支援団体は〔それらの主張に対し〕「ファクトチェック」をしながら反駁してきた。李栄薫の主張を批判するには、これまで行われてきたファクトチェックと歴史否定論への批判だけで十分であるが、この機会にそのファクトチェックの内容の幅と深みをさらに広げ、新しい論理の糸口を開かなければならないと考える。

日本軍「慰安婦」に対する李栄薫の主張を要約すると次のようなものである。

日本軍「慰安婦」は強制連行されておらず、公娼制の合法的な枠組みの中で自己営業と「自由廃業」が可能な稼ぎの良い売春婦だったのであり、性奴隷ではなかった。

2 誘拐や求人詐欺はあったが、奴隷狩りのような強制連行はなかった?

李栄薫《イ・ヨンフン》が強制動員とは言わずに「奴隷狩りのような強制連行」と言うのは、2014年8月『朝日新聞』による「慰安婦」報道記事検証として吉田清治証言が撤回され、虚偽となったことを強く意識した表現である。すなわち吉田が証言していた強制連行は当時はなく、これを足がかりとした強制動員もなかったと主張するためである。しかし、加害者として「慰安婦」募集を行った吉田の証言が虚偽であったとして「慰安婦」被害者たちの強制連行に関する証言もすべて嘘であったというのだろうか。これは詭弁である。

誘拐も違法な強制動員

秦郁彦と李栄薫は「論証において怪しくとも、熱心、かつ声高に、さらには確信的に自説を唱え」、自分たちにとって有利となるよう事実を相対化することに長けている。強制連行を指示した公文書がないという主張は、ホロコースト否定論でもよく見られる「否定の実証主義」の方法を伝家の宝刀のように振り回すものである。ヒトラーの指示を立証する公文書を探せなければ、ホロコーストはなかったことになるのだろうか。李承晩《イ・スンマン》大統領が保導連盟員を虐殺しろと指示した公文書を探せなかったら、保導連盟事件〔朝鮮戦争の最中に、韓国軍や警察、李承晩大統領支持者などが、共産主義からの転向者を啓蒙・指導するために設立されていた統制組織である「国民保導連盟」の加盟者などを大量虐殺した事件〕はなかったことになるのかを反問してみると、このような主張がいかにおかしいのか理解できる。

違う形でアプローチしてみよう。「強制」というのは本人の意思に反する行為をさせることである。本人の意思に反して連行することは強制連行であり、そのようにして動員されたならば強制動員である。戦前の日本の刑法第33章第226条によると、本人の意思に基づかずに暴行または脅迫を手段として女性を支配下におさめ動員し、国外に移送したら、国外移送目的略取罪となった。それだけではなく甘言と求人詐欺などで騙し、女性を動員し、国外移送したら国外移送目的誘拐罪となった。奴隷狩りのような強制連行は略取罪の事例に該当する。誘拐も違法な強制動員である。[*6]

吉見義明教授によれば、国外移送目的誘拐罪を処罰した1937年3月5日付の大審院〔韓国の大法院、現在の日本の最高裁判所に該当する〕の判決事例がある。1932年、上海で海軍慰安所を作るために業者が長崎で甘言と求人詐欺を用い女性たちを連れてきて、1年程度、慰安所につなぎとめておいた。「兵士相手の食堂」、「日本軍の酒保〔売店〕のような所で物を売る」、「上海の料理屋で女給または下女」、「海軍指定の慰安所で水兵や士官の相手をするカフェ」などの仕事であるとだまし、高収入であると言ったという。これに対し、地方裁判所と控訴院、大審院のすべてが業者と周旋者に対し、国外移送目的誘拐として有罪を下した。しかし、吉見教授は、1937年7月に日中戦争が始まった後に、この刑法226条が適用された事例はないと述べている。

実際に「南京大虐殺〔南京強かん〕」以後、軍の要請〔上海陸軍特務機関、憲兵隊、日本の総領事館の中し合わせ）で業者が軍「慰安婦」などの「募集」に乗り出し、１９３７年末と１９３８年初頭に一部の業者が日本で婦女子に対する国外移送目的誘拐罪で警察に逮捕されたが、すぐに釈放されるという出来事があった。軍の要請で業者たちが動いたことを警察は公的に確認した。この状況において警察と軍はすぐに事態の収拾に乗り出した。１９３８年２月23日付の内務省警保局の通牒「支那渡航婦女の取扱に関する件」および１９３８年３月４日付で陸軍省が北支那方面軍および中支那派遣軍宛てに送った「軍慰安所従業婦等募集に関する件」はこれをよく示している。これらの指示を総合してみると、一見すると「募集」行為、特に略取と誘拐などの方法に対して「厳重に取り締ま」るよう注意しているが、実情は軍の要請を受けた業者の「軍『慰安婦』など募集」を公的に承認しているだけである。「軍の威信（体面）」を考え、「選定を周到適切にし」「其の実施に当りては関係地方の憲兵及警察当局との連携を密接にし」、社会問題を起こさないように指示している。その過程で仮に略取や誘拐の方法が使用されたとしても、厳罰に処するという内容はどこにも記されていない。[*7]

業者選定から朝鮮軍司令部が監督

この指示が植民地朝鮮ではどのように実施されたのか、日本の公文書で確認する方法はない。ただ、連合軍文書（第３部で詳述する）と河野談話によれば、植民地朝鮮でも業者の選定から強制動員にいたる業務を朝鮮軍司令部が監督し、募集地域の警察と地方末端機構の官憲もこれに加担していた。京城銀行を通じ軍「慰安婦」動員のための資金の送金にも直接関与していた朝鮮総督府が、軍の公的な依頼を受けた業者たちの軍「慰安婦」募集を取り締まっていたので、処罰する可能性はなかった。[*8]

これに関しては興味深い事例がある。日帝の警察が農村の婦女子を口車にのせて誘拐した悪徳紹介業者45名を逮捕したという『東亜日報』の記事（1939年8月31日）がある。[*9] 日本の右派はこの記事を引用し、日本の警察が、女性の意思に反して「慰安婦」になることを強制した業者を取り締まっていたと主張する。吉見教授は、この記事が刑法上の国外移送目的誘拐罪に該当する犯罪を警察が取り締まったことを示すと〔右派は〕主張するが、そうだとしたら略取・誘拐と人身売買によって朝鮮から国外に移送された軍「慰安婦」が多数発生したことはどのように説明できるのかと反問している。吉見によれば、この記事は軍や警察が選定した業者が軍「慰安婦」を募集する時には黙認されており、それ以外の場合には摘発したことを立証するものである。[*10]

軍が「慰安婦」の「募集」を業者に指示や要請をし、業者が略取や誘拐、人身売買の方法で女性たちを軍「慰安婦」として強制動員したのであれば、そしてこれに対して警察や官憲が加担したというならば、日本政府と軍は、業者に転嫁する方式で法的責任を回避することはできなくなる。

しかも、日本軍「慰安婦」制度が性奴隷制だということと、軍「慰安婦」の強制連行（または強制動員）は互いに分けて考える必要がある。強制連行ではなかったとしても性奴隷制であると言える。性奴隷制の本質は、どのような目的と方法で集められたとしても、「慰安婦」が自由や自律性が深刻に剝奪された状態で性行為を強要されたところにある。

２００７年6月14日、日本の右派が組織した「歴史事実委員会」は『ワシントンポスト』紙に「The Facts（事実）」という広告を掲載し、「慰安婦」は性奴隷ではなく強制連行もなかったと宣伝した。これはかえって米国人の反発をかい、映画『アイ・キャン・スピーク』に出てくるように米国下院議会は、日本政府に対し旧日本軍が女性たちを性奴隷として扱ったという事実を明確に認め、謝罪することを勧告する決議案を採択した。これに関し、ブッシュ政権で国家安全保障会議NSCアジア担当専任補佐官を歴任したマイケル・グリーン教授は次のように語った。

（軍「慰安婦」とされた女性たちが）強制されたかどうかは関係ない。日本以外では誰もその点には関心はない。問題は慰安婦たちが悲惨な目に遭ったということであり、永田町の政治家たちは、この基本的な事実を忘れている。[*11]

3　民間の公娼制が軍事的に動員され編成されたものだから合法？

右派たちの公娼制の招喚

日韓の右派たちが日本軍「慰安婦」制度についての歴史戦で、公娼制のことを繰り返し持ち出してくるのは、強制動員と性奴隷制を否定するためである。彼らは、「慰安婦」が公娼制のもとで区別されていた「接客女性」（娼妓、芸妓、酌婦、女給など）であって、多くの金を稼いだとし、さらには不道徳であったと攻撃する。これは性暴力の被害者に罪悪感と羞恥心を転嫁する手法である。

過去には（今でも一部では）そのような攻撃に対し、日本軍「慰安婦」制度は公娼制とは違うと反論してきた。このような反論は、意図せず「慰安婦」のイメージを接客業の女性ではない性的な経験のない女性（または少女）としてメディアや大衆がイメージするようにさせてしまった。また、これが民族（差別）を強調することと合わさり、日本人「慰安婦」と朝鮮人「慰安婦」を区別――または、意図せず差別――するという逆効果が発生した。本土の日本人とは異なり朝鮮では貧しくより幼い女性が「慰安婦」として強制動員されたという内容自体は、当時の日本政府と軍、総督府が植民地支配という条件を活用し政策として推進してきた結果であるので、歴史的事実に符合する。しかし、それだけを強調すると、純粋な（性的経験がない女性）被害者と不純な（接客女性）被害者を分けるという差別的な効果も生むことになる。右派たちが公娼制について繰り返し語ると、結果的に両者を引き裂いて、互いに反目させることになる。

２０００年代に入ってから、一方では武力衝突・紛争地域で行われている性暴力に対する全世界の研究成果が紹介され、他方、性売買・性暴力に対する〔韓〕国内の研究成果が集積され、日本軍「慰安婦」制度に関する「性奴隷vs公娼制」という二者択一構図を乗り越えようとする研究が登場した。より正確には、近代公娼制研究、日本の公娼制と植民地（朝鮮、台湾）の公娼制研究が韓国と日本で進められている。

民間の公娼制と軍「慰安婦」制度の関係

このような研究は、軍「慰安婦」制度が完全に新しい発想で企画されたのではなく、植民地公娼制をモデルとしながら、もっと抑圧的なものとなったという点、女性本人の意思に反する強制動員が広範囲に行われており、公娼制だといってもすべて合法であったわけではなく当時の日本の刑法と国際法に照らし合わせてみても違法であったという点、「慰安婦」制度の運営と「慰安婦」の生活が性奴隷のようであったという点、さらには植民地公娼制だけではなく日本本土（「内地」）の公娼制もやはり性奴隷制の観点から解釈し直す必要があるという点を明らかにした。これらの研究では公娼制と「慰安婦」制度の連続と断絶を比較歴史的な方法と理論で分析し、主張を裏づけるための文献や文書、口述資料も積み上げられてきた。

このような内容をもととし、李栄薫《イ・ヨンフン》の主張を批判的に検討してみよう。彼によれば、軍「慰安婦」

制は日本と植民地朝鮮の公娼制が軍事的に動員され編成されたものである。この部分は秦郁彦の主張とは違いがある。秦は、軍の関与を最小限にすることで日本軍の無罪論を主張した。秦の表現を借りると、「オレオレ詐欺や金属泥棒の横行に、警察の責任を問うのと同列（同じ水準）」であるとし、日本軍の責任を極小化しようとした。[*12] これとは異なり李栄薫は軍の付属施設として「慰安所」が設置され、その運営は軍の厳格な統治下に置かれたことを認めていることは明らかである（日本語版258〜260頁）。しかし、李栄薫は公娼制を娼妓など「接客業の女性」が合法的に自己営業し、廃業できる制度であるというくらいに理解しており、その延長線上で軍「慰安婦」制度は合法であり、性奴隷制ではないと主張する。だから彼は合法的な民間の公娼制が軍事的に動員され、編成されたものが軍「慰安婦」制であり、軍が厳格に統制しながら運営に関与したという点を強調している。このような主張は秦が主張する日本軍の「よい関与論」と一脈相通じる。業者から違法な行為をできないように取り締まったということ、李栄薫式に表現するならば、「慰安婦」に対する「軍の管理として業者の中間搾取を統制した」という主張につながる。この論理は次には「慰安婦」が金を稼いだという主張に飛躍するのである。

しかし、公娼制は合法的な（法的に許された）性売買を意味しない。公娼制は治安維持、風紀取締、性病予防を目的とし「国家が女性の身体と生活を拘束し、管理する性売買制度」を意味する。[*13] 日帝の公娼制と私娼の管理を研究した朴貞愛《パク・ジョンエ》によると、公娼制管理の運用と効果は合法と違法を行き来する。日本の公娼制が施行され娼妓と芸妓など接客女性の紹介業も国家によって認められ管理された。そして公娼制のもとで紹介業は必然的に人身売買が助長される環境を作ってきた。

1929年からアジア地域の女性・児童売買の実態調査を行い1933年に報告書を提出した国際連盟女性・児童売買調査団は日本の人身売買の実態について次のように言及した。日本で最も驚くべきことのうちの一つが芸娼妓紹介業が公認されていることであり、このため、業者等は非合法的な方法で女性を売買しなくてもよいと述べた。日本政府は国際連盟調査団に対し公娼制は娼妓の自由な契約行為によるものなので、人身売買制度ではないと強弁した。

業者の不法行為は略取・誘拐罪や国外移送罪だけが問われた。日本の刑法で人身売買が犯罪となったのは2005年のことである。しかも戸主が世帯の構成員に対し法的代表性を持つ戸主制度のもとでは、女性は法的主体になれなかった。[*14] 国際法が適用されなかった植民地朝鮮の公娼制と紹介業は人身売買メカニズムに基づいていたと見られる。このような人身売買に対し日韓の右派は、業者と女性(または女性の戸主)間の自由な契約であると主張しているのである。

4 「慰安婦」個人の営業で、自由廃業の権利と自由があった？

李栄薫《イ・ヨンフン》の主張の中で核心的なもののうちの一つが「慰安婦」の「自由廃業」の権利である。皮肉にも、かつて、軍「慰安婦」制と公娼制は異なると主張した研究は、公娼制のもとでの娼妓は自由廃業の権利があったが、「慰安婦」は自由廃業できなかった点を論拠としていた。しかし、李栄薫は軍「慰安婦」制が公娼制から出てきたので、娼妓のように「慰安婦」にも自由廃業の権利があり、そのような事例は多かったと主張している。たとえば、彼は『日本軍慰安所管理人の日記』に出てくるシンガポールの事例と文玉珠《ムン・オクチュ》の事例をあげている。李栄薫が「慰安婦」は廃業できたと主張する意図は明らかである。軍「慰安婦」制が性奴隷制ではなかったと主張するためである。彼は「慰安婦」が「絶望的な監禁状態にあった」わけでも、「無権利の奴隷状態」におかれていたことも、「選択の自由がまったくなかった」こともないとし、「職業としての慰安婦は、慰安所という場所で営まれた『慰安婦』個人の営業だった」と主張する（日本語版280〜283頁）。

本土でも有名無実であった自由廃業規定

日本本土の公娼制では、娼妓に自由廃業を認める規定（1900年内務省「娼妓取締規則」）があったことは明らかな事実である。日本での「廃娼運動」(公娼制撤廃運動)の影響で、1900年に日本政府が本土に適用する娼妓取締規則(娼妓を取り締まる法規)を作った際に「自由廃業」の規定を入れた。娼妓は口頭または郵便で警察に廃業届を出すことができ、警察が廃業届を受理した時、娼妓名簿から該当者を削除するようにした。

しかし、「前借金」のせいで「自由廃業」[*15]規定は、実際には適用されるのが難しかった。娼妓はそのような規定があることを知らなかったし、たとえ知っていたとしても娼妓がそれを実行に移すことはまず不可能であった。娼妓が警察に廃業を申し出る時、業者などの妨害が非常にひどかった。万一、誰かの支援を受けて運よく申し出ることができ廃業届が受理されたとしても、次は業者が民事訴訟を起こし「前借金」を返せと要求した。「前借金」を性を売ることで返すという契約は当時の日本の民法上でも違法であった。しかし、裁判所はこの契約を形式上、娼妓稼業契約と金銭貸借上の契約として分け、前者は違法であるが後者は有効であるとし、結局「前借金」の返還を命ずる判決を下した。そのためお金を返すことができない娼妓は、公娼制の拘束から抜け出すことができなかった。[*16]

植民地朝鮮では娼妓の自由廃業の規定はなく、業者の廃業の権利だけが規定されていた。[*17] 朝鮮総督府が1916年に植民地朝鮮で施行した娼妓取締規則(「貸座敷娼妓取締規則」)は、先述の1900年の法規ではなく、それ以前の1896年の法規から持ってきたものである。そのため公娼制における自由廃業の規定は事実上、人身売買されて公娼となった娼妓が自由意思によって業者(店主)と結ぶ契約であり、娼妓は自発的にお金を稼ぐ主体であるというイメージを作り出したものにすぎないと言える。このようにその規定の裏面にある実情を考慮する時、植民地朝鮮の公娼制はもちろん、日本本土の公娼制も性奴隷制という点から考えて新たに分析されなければならないのではなかろうか。

現在の性売買産業に従事している性売買女性も、本人の意思が無視されたまま人身売買によって借金に絡め取られ、業者および店主に拘束され、「事実上の性奴隷」となっていることはよく知られている。このような事実は１９２０年から30年代にも指摘されていた。たとえば１９４２年１月に早稲田大学の安部磯雄教授などは「公娼制度廃止請願書」を提出し「公娼制度は事実上戦慄すべき人身売買と惨憺たる奴隷制度とを伴ふて免る能はざる悪制度也」と主張した。神奈川県会（県議会）も１９３０年12月の決議で「公娼制度は人身売買と自由拘束の二大罪悪を内容とする事実上の奴隷制度」であると主張した。[*18]

しかし李栄薫はそれとは正反対のことを主張する。公娼制のもとで娼妓が自由廃業が可能であったように、公娼制を軍事的に編成した軍慰安所の「慰安婦」も自由廃業が可能であり、実際そのような事例もあったので、「慰安婦」は性奴隷ではなかったというのである。李栄薫は娼妓と軍「慰安婦」に自由意思、自由契約、自由廃業のようなものがあったと強調し、「自発的に金を稼いだ売春婦」というイメージを持たせようとしている。しかしそれは公娼制と軍「慰安婦」制の本質を非歴史的に歪曲するものである。李栄薫が事例として取り上げている『日本軍慰安所管理人の日記』に出てくるシンガポールの菊水倶楽部の場合、廃業し、旅行の許可を得て帰国する「慰安婦」たちが半数を超えたりもした（日本語版２７５頁）。しかし、日記だけ見ると廃業条件は確認できない。李栄薫の言葉通り、前借金をすべて返し、契約期間がすべて終わって（普通は2年）廃業した事例がなくはなかっただろうが、この事例が一般的なものであったのか、むしろ例外的なものではなかったのかを確認する必要がある。また、李栄薫は1943年の下半期に、負債をすべて返済した「慰安婦」は帰国できるという命令を日本軍が出し、〔「慰安婦」の〕一部が帰ったという米軍の尋問報告資料を根拠としたりもしている〔日本語版272頁〕※。さらに、「慰安婦」被害者文玉珠の回顧録から一部の証言を選び出し、「慰安婦」生活は彼らの選択と意思によるものであると主張する〔日本語版280頁〕。

これが李栄薫が選んだ根拠のすべてである。しかし、これとは相反したり矛盾したりする事例や資料、被害者の証言などがある。少なくとも、李栄薫が選んできた事例や資料、証言はこのようなものとクロス分析しなければならない。

軍「慰安婦」についての既存の研究成果は、前線と後方の事例がかなり違うことをつぶさに示している。シンガポール、特に菊水倶楽部にきわめて廃業の事例が多かった。つまり、これは「慰安婦」制度や政策による特性ではなかったと言える。『日本軍慰安所管理人の日記』には、シンガポールの菊水倶楽部と相反するビルマのラングーンにあった一富士楼の事例も登場する。廃業し、結婚した2人の「慰安婦」が、軍兵站司令部の命令でラングーンの金川館（慰安所）の「慰安婦」として復帰したという記録である。

※　「慰安婦」は前借金を完済すること、契約期限が満了すること、業者が廃業に同意すること、軍が廃業に同意すること、という四つの条件がそろわなければ辞めることができなかった。

最前線の地域での自由廃業は虚構

すでに紹介した、李栄薫が提示した米軍の尋問報告資料では、軍の命令で借金を返したら帰国できたと記録されているが、同じ業者を尋問した英国軍の尋問報告資料には、借金を返した「慰安婦」たちを故郷に帰すようにしたビルマ第15軍司令部の命令とは異なり、実際には帰還できずビルマにとどまるよう「すぐに説得された」と記録している（第3部で詳述する）。後方であるシンガポールよりも前線であるビルマで、特に最前線の地域であったミッチナーで「慰安婦」が自由廃業できたというのは現実とは異なる主張だ。自由廃業であるというならば、契約期間や前借金が残っていても「慰安婦」は廃業できなければならない。前借金をすべて返して（「慰安所」から）出ることも、負債の構造上、本当に難しいことであった。「慰安婦」たちがどのような目的と方法で慰安所に連れてこられたとしても、前借金と負債などを言い訳とし、自由や自律性が深刻に剝奪されている状況で性行為を強要されたことは、日本軍「慰安婦」が性奴隷であるという事実を立証するだけである。

5 需要が確保された高収入の市場で、少なくない金額を貯蓄し送金した?

李栄薫《イ・ヨンフン》は「慰安婦の立場からは需要が確保された高収入の市場」であり、「少なからぬ金額を貯蓄し、実家に送金」したと主張する〔日本語版262頁〕。たとえば、そのようにしたある「慰安婦」が一度に1万1000円(「今日の価値」で約3億4400万ウォン)を送金した事例を取り上げている〔日本語版275頁〕。文玉珠《ムン・オクチュ》の場合は、1945年9月まで、合わせて2万6551円(「今日の価値」で約8億3000万ウォン)を貯蓄し、ワニ皮の鞄、高級な緑のレインコート、ダイヤモンドを買った〔日本語版279頁〕と述べ、「慰安婦」はものすごく稼ぎがよい「仕事」であったと強調する。つまり、「今日の価値」を示しながら「慰安婦」の収入が「高額」であったというイメージを持たせている。日本の右派が軍「慰安婦」の収入が将軍や将校よりもよかったと主張する手法と同じである。

日本軍「慰安婦」の貨幣収入が持つ価値について理解するために検討しなければならない事項がある。日本軍の占領地で急速に吊り上がった戦時インフレをどのように考えるのかという問題である。小林英夫教授が行った「大東亜共栄圏」の物価指数資料計算によると、当時の貨幣価値は額面とは相当な違いがある。[*19]

日本軍占領地の戦時超インフレーションを無視

日本が東南アジアの占領地で現地通貨のような価値を持つ軍票を発行し、流通させていたことをまず考えなければならない。日本は現地通貨の名前から名称をとり、ビルマではルピー軍票、フィリピンではペソ軍票、オランダ領東インドではギルダー軍票などを発行し、軍票と円貨のレートを一対一に固定した。しかし、日本の大蔵省外資局傘下の南方開発金庫は東南アジア各地に多くの支店を出した横浜正金銀行と台湾銀行などを管理し、日本の陸軍と海軍の戦費調達のために軍票を乱発した。

小林英夫は東京を軸とした同心円の周辺部に行けば行くほどインフレが激烈に進んだと述べる（〈図1〉参照）。東京と植民地の京城と台北がある程度連動していただけで、占領地周辺部に行けば行くほど物価指数が天につき上がっていくような状況であった。ビルマにおいては1943年10月以降にインフレがきわめてひどくなった。

李栄薫が『日本軍慰安所管理人の日記』から選んできた事例、つまり、「慰安婦」が一度に1万1000円をシンガポール（横浜）正金銀行に振り込んだという日は1944年12月4日であった。1941年12月を100という基準にすると、1944年12月は東京の物価指数が130で、シンガポールの物価指数はひどいインフレで1万7766であった。つまり、1万1000円というのは東京では132円の価値しかなかったのである。

日本の右派と李栄薫が「慰安婦」が高収入であったという主張のためにたびたび持ち出す文玉珠の貯蓄額も見てみよう。〈図2〉を見ると、貯金は1943年3月6日に500円から始まっている。

〈図1〉大東亜共栄圏の物価指数（1941年12月を100とする）

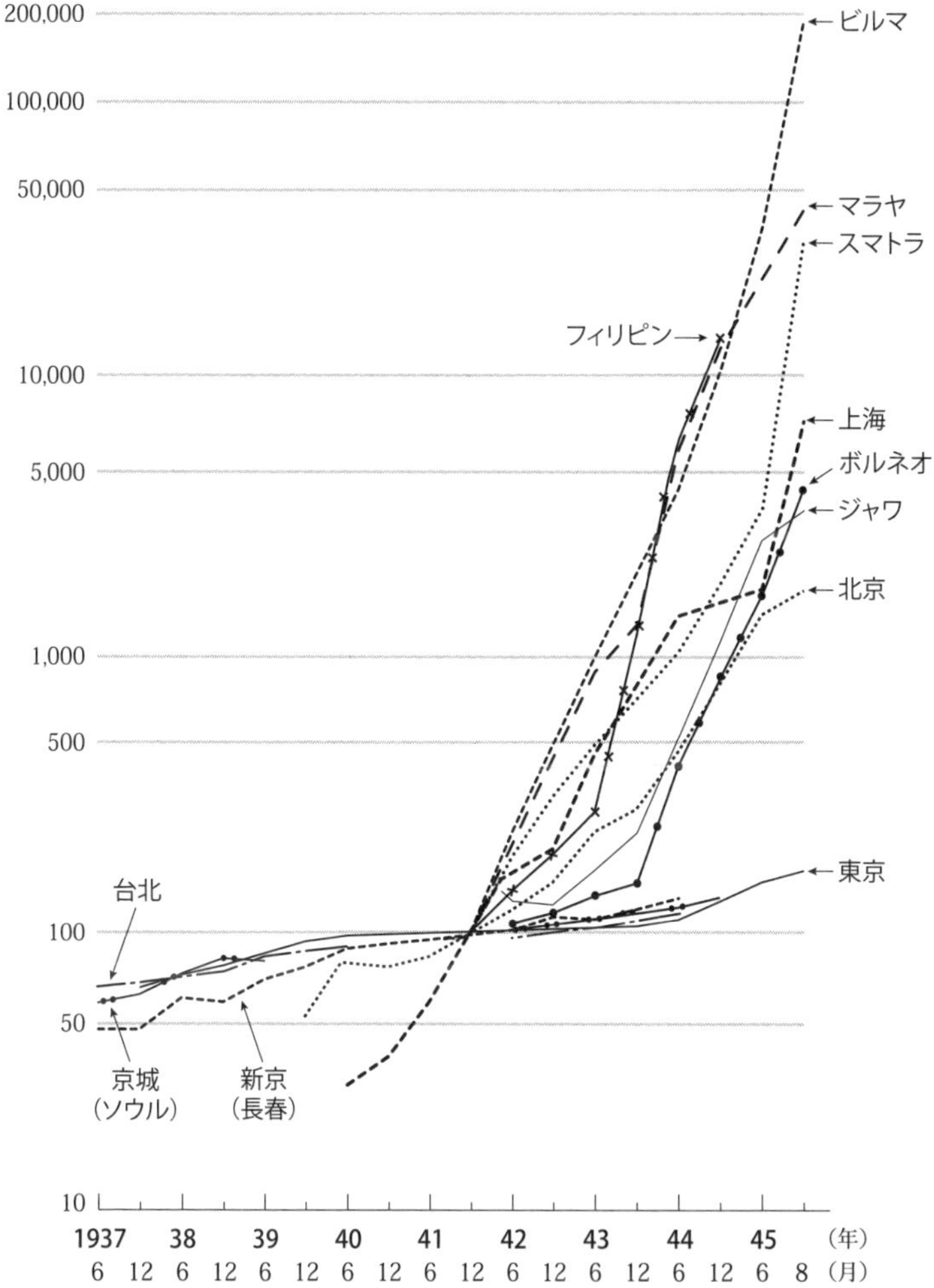

出所：『日本金融史資料昭和編』第30巻をもとに作成（小林英夫『日本軍政下のアジア――「大東亜共栄圏」と軍票』岩波新書，1993年）。

その後700円（7月10日）、550円（8月15日）、900円（9月18日）、780円（10月2日）、820円（11月6日）、950円（1944年2月16日）、85円（3月30日）、100円（5月18日）、800円（6月21日）の合わせて10回、貯金した。そして1944年8月に貯金通帳をなくしてしまい、1945年4月4日に5560円から再開したが、5000円（4月26日）、1万円（5月23日）、300円（9月29日）の合わせて4回貯金した。全部合わせると1943年3月6日から1945年9月29日まで全部で14回貯金したことになる。ここで気をつけるべきことは、文玉珠が貯金したのはルピー軍票だという点である。〈図1〉と〈図2〉で出てきた物価指数を考慮し、東京での円貨の価値として換算すると、本当にささやかな貯蓄額となった。貯金額が一番多かった1944年4月と5月の合わせて2万5560円を東京の円貨の価値に換算してみよう。1945年6月基準で東京の物価指数は152であり、ラングーンは3万6629であった。つまり2万5560円は、東京では102円の価値にすぎなかったのである。1945年3月以降はルピー軍票の価値がほとんどなかった。戦争が終わった時、東京の物価は1・5倍上昇するのにとどまったが、ビルマでは1800倍まで上がった。ビルマは東京よりも1200倍も高い上昇率のインフレであった。それにもかかわらず、李栄薫は文玉珠の総貯蓄額が2万6551円であり、これを現在の価値で換算したら約8億3000万ウォン〔日本円で約8300万円〕であると主張している。経済史家である彼が、戦時ハイパーインフレーションの状況を理解できないはずがない。彼は自分が前もって決めておいた主張を裏づけるために、日本の右派の意図的な選別と歪曲の手法を実証主義の威を借りて単純に活用しているのである。

文玉珠の回顧録を見ると、貯金額のほとんどは軍人からもらったチップと軍票である。文玉珠の軍

〈図2〉文玉珠の軍事郵便貯金原簿調書

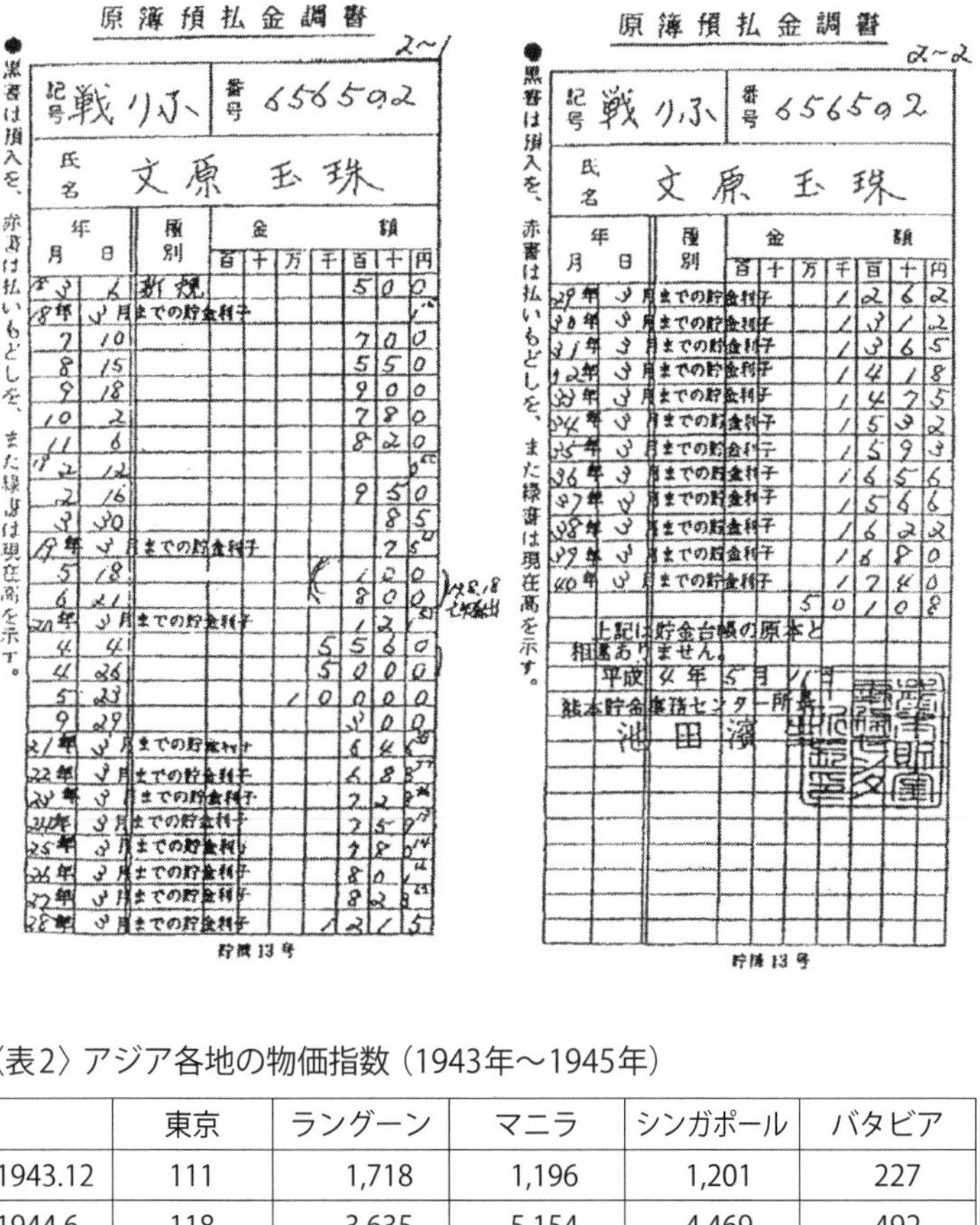

〈表2〉アジア各地の物価指数（1943年〜1945年）

	東京	ラングーン	マニラ	シンガポール	バタビア
1943.12	111	1,718	1,196	1,201	227
1944.6	118	3,635	5,154	4,469	492
1944.12	130	8,707	14,285	10,766	—
1945.3	140	12,700	14,285	—	1,752
1945.6	152	30,629	—	—	2,421
1945.8	161	185,648	—	35,000	3,197

出所：日本軍統計局編『戦時中金融統計要覧』1947年（吉見義明2010年，49頁から再引用）。

事郵便貯金原簿証書を見ると、1944年8月18日に通帳を失くしたことがわかる。文玉珠が動員されていた第55師団はビルマのアキャブで続いていた連合軍の空襲に耐えきれず、プロムに後退した。この時に通帳をなくしてしまったのだ。彼女はラングーンで下士官の助けを得て通帳を作り直し、その時まで集めていたチップと軍票を一緒に貯金した。それが1945年4月と5月の貯金額である。

文玉珠は歌がうまく、「ラングーンでもすぐに売れっ子」になった。日本の敗戦が肉薄し、ラングーンに集結していたため、将校の数も前線とは比較できないほど多く、宴会も多かったという。彼女は宴会に呼ばれたりもし、チップをもらえるのが嬉しかったので歌を歌い、大きな金額のチップをたくさん受け取ったようである。実は軍票を持っていてもほとんど価値がなかったので、将校たちがチップとしてくれたのである。彼女もそのお金を使うところがなかったので、貯金をしたのである。彼女によれば、ラングーンの市場に宝石店があり、宝石が多く出土するビルマではルビーや翡翠は非常に安かったという。彼女は一つぐらいは持っていてもよいと思い、一大決心をしてダイヤモンドを一つ買ったと回顧している。[*20] また空襲で兵士たちと「慰安婦」たちが一緒に退避していた富者の家の持ち主がそのまま置いて逃げた服や隠しておいた貴重な壺を探しだし宝石などをぶんどったことや、サイゴンの中国マーケットでワニ革のハンドバッグと靴を買ったことも記憶している。[*21]

まったく価値のない軍票を集めたことになる

文玉珠の回顧録を読んでみると、彼女がとても非凡な記憶力を持っており、状況と事物に対する観察力の優秀さを知ることができる。文玉珠の証言と回顧は、一見すると互いに矛盾し、衝突する要素もあるが、彼女の人生と「慰安婦」としての戦争動員と日常を全体的に読み込んでみると、軍「慰安婦」の人生の実態をより分厚く理解できるように案内してくれる。しかし、李栄薫は「慰安婦」は高収入であったという主張があらかじめあり、彼女の回顧を粉々にし、選別し、搾取するように配置した。

貨幣収入があり、それを送金したことが許されたとしても、朝鮮で現金として引き出すのには大きな制約があった。[*22] 東南アジア地域のインフレが激高すると、日本政府は送金額を制限し、強制現金預金制度、調整金徴収制度、預金凍結措置などを導入し、東南アジア地域のインフレが日本と朝鮮に波及しないようにした。[*23] 結局、まったく価値がない軍票を集めることになったという評価が一般的である。

6 「慰安婦」と女子挺身隊を混同している？

日本の右派はずいぶん前から、「慰安婦」と挺身隊がまったく違うものなのに、いまだに韓国では二つの用語を混同したり、同じものとして嘘をつき合理化していると主張してきた。秦郁彦の本はこのような主張を既成事実のように書き、[*24] 2019年の李栄薫《イ・ヨンフン》の本でも繰り返されている。

強制連行説を煽ったもう一つの嘘は、女子挺身勤労隊との混同です。（中略）一九四四年八月、日本は「女子挺身勤労令」を発布し、一二～四〇歳の未婚女性を軍需工場に動員しました。ただし、この法律は朝鮮では施行されませんでした。そういう環境ではなかったからです。（中略）（韓国挺身隊問題対策協議会は）挺身隊と慰安婦が別物だということが明確になったあとも、ごく最近まで「韓国挺身隊問題対策協議会」という団体名を変えようとしませんでした。（中略）嘘を合理化する韓国文化の極致を、この団体の厚かましい態度に見ることができます（日本語版265～267頁）。

李栄薫は「ただ、官の勧めと斡旋で接客業の女性あるいは女学生が挺身隊として組織され」軍需工場などで「二カ月ほど働いた事例」はあるが、「朝鮮では施行され」なかったと主張している（日本語版266頁〕。

挺身隊は女子挺身勤労令以前に存在していた

しかし、李栄薫の主張は事実ではない。女子挺身勤労令は1944年8月23日、勅令519号として日本と朝鮮で同時に公布・施行された。何よりもこの法令が公布・施行される前から朝鮮ではすでに女子挺身隊、すなわち「挺身隊」が組織され、この法令の対象でなくても女性はさまざまな方法で広く動員されており、1943年には少女たちが日本本土の工場で強制労働させられていた[*25]。しかし、なぜ李栄薫はこの法令が「施行されなかった」と主張したのだろうか。李栄薫は「国定教科書に描かれた日帝の収奪の様相とその神話性」で「この法令は日本人を対象としており植民地朝鮮では公的に発動しなかった」と書いたことがある。鄭栄桓《チョン・ヨンファン》によると、李栄薫は秦郁彦の主張を念頭においたということである。秦も「女子に対しては国民徴用令も女子挺身勤労令も韓半島では適用しなかった」と書いたことがある。秦の主張は朝鮮総督府鉱工局の「国民徴用の解説」（1944年）の次の部分を根拠としている[*26]。

今後に於ても女子を動員する場合、女子挺身勤労令発動によるといふ考は今の所持ってをりません。今迄朝鮮の女子挺身隊は、みな官の指導周旋によるもので、内地の（中略）飛行機工場等に出してをります。今後ともこの官の指導周旋を建前とする心算（後略）[*27]。

この叙述は女子挺身勤労令を発動せず、官の指導と周旋を前提にし、それ以前から行ってきたように、朝鮮の女子挺身隊を動員することを意味する。繰り返すと、秦の主張は、女子挺身勤労令が朝鮮でも施行されたが、朝鮮ですでにうまく行われている女子挺身隊の動員についてその法令を「適用」したというよりは、それ以前から行ってきたような形で行うだけだという話である。秦はなぜわざわざ「適用」という単語を使って誤解を生じさせうる方式で叙述したのだろうか。鄭栄桓によれば、秦が勤労令の未適用を強調するのは、朝鮮での挺身隊動員が法による強制連行と映ってしまうことを避けるためであると思われる。[*28] つまり、李栄薫は秦の奇妙な手法を見破ることができず、女子挺身勤労令として日本で組織された「女子挺身勤労隊」とその法令以前から組織・動員されていた朝鮮での女子挺身隊を「混同」している。秦郁彦や李栄薫こそが資料の原典と出典をきちんと確認せず、嘘として「混同」を招いているということである。

韓国で「慰安婦」と女子挺身隊を混同しているという李栄薫の主張は、挺対協と一般大衆の理解を無知で嘘であると攻撃するためのものである。しかし学界では、特に韓国でも１９９０年代中盤から後半に（つまり、秦郁彦の本が出版される前に）日本軍「慰安婦」と挺身隊を区別する議論が出始めていた。韓国挺身隊研究所の研究員であった余舜珠《ヨ・スンジュ》の「日帝末期朝鮮人女子勤労挺身隊に関する実態研究」という修士論文（梨花女子大学校）が発表されたのは１９９４年のことである。研究者や活動家とは異なり、メディアや一般大衆はこの二つを区分し認識するまでに多くの時間が必要だったかもしれないが。

李栄薫は挺対協と一般大衆の「とんでもない誤解と無知」、「嘘を合理化する……厚かましい態度」

を叱咤しながら「日帝が女性たちを動員して戦線に連れて行き慰安婦にした」「今までそのような事例は、ただの一件も報告されたことがありません」〔日本語版266頁〕という。李栄薫こそがまさに「とんでもない誤解と無知」に陥っていながら、盗人猛々しく叱咤しているのである。李栄薫は1992年10月、女子挺身隊被害者10名が「慰安婦」被害者3名とともに「関釜裁判」〔釜山従軍慰安婦・女子勤労挺身隊公式謝罪等請求訴訟〕を提起し、その後も韓国と日本で挺身隊被害者たちの提訴が続いたという訴訟の歴史と内容についても知らないようである。薄っぺらで硬直した実証主義史観で被害者の証言も歴史の資料とはならないと主張する彼らなので、被害者の証言を聞きも読みもしなかったようである。

「慰安婦」になった挺身隊1期生の証言

李栄薫が一件でもあれば言ってみろと言うので、姜徳景《カン・ドッキョン》ハルモニの事例だけをあげてみよう。姜徳景は国民学校高等科1年生だった1944年6月頃、つまりそれから2か月後に公布された女子挺身勤労令が朝鮮で施行される前に、女子勤労挺身隊の1期生として富山県の不二越工場に送られた。そして、そこから逃げ出したが、再び捕らえられ、「慰安婦」として連れていかれたのである。※ 被害者の記憶と証言が不完全であったり嘘であるとみなすので、李栄薫はこのような事例を聞くことも、読むこともできないだろう。女子挺身隊として動員された女性たちのうち一部を「慰安婦」として連れていけという指示をした日本軍や政府の公文書が発掘されなければ、このような事例はもともと存在しなかったことになるのだろうか。

ここでさらに、歴史的な想像力が必要な部分がある。女子挺身隊と「慰安婦」はもともとは異なる概念である。しかし、朝鮮では挺身隊として動員され、軍「慰安婦」になった事例と、これを裏づける資料がある。そのため解放直後に韓国でも挺身隊と「慰安婦」の動員がごちゃまぜになったまま新聞記事に登場したり、人々の記憶の中にあった。[*29]当時挺身隊と「慰安婦」の動員についての記憶は本当に無知だったので混ざってしまったのだろうか。もしくは意図して混ぜたのだろうか。

戦争によって植民地は総力戦・総動員社会となっており「慰安婦」動員について話したら「造言飛語」(流言飛語)流布罪に該当し処罰を受けた。植民地の民衆(大衆)は流言飛語罪から逃れるために「慰安婦」の代わりに挺身隊という用語を使っていたのではないだろうか。だとしたら解放直後にも「慰安婦」と挺身隊を混用するのも理解できる。これを「とんでもない誤解と無知」による混同として貶めるより、むしろ植民地大衆の(消極的)抵抗を示すものと見るほうがより歴史的な理解に符合しているのではなかろうか。日帝の公娼制と軍「慰安婦」制度研究に専念してきた朴貞愛《パク・ジョンエ》は、「挺身隊として動員され、慰安婦となったという言葉は、公権力の『慰安婦』動員とその過程に介入した隠蔽の問題を被害者と大衆の感覚としてみせてくれるもの」であり、つまり、「韓国で『慰安婦』と挺身隊の動員は『錯綜』していたのであり、『混同』されたのではない」と主張する。さらに彼女は、「慰安婦」と挺身隊動員の「錯綜」の地点について研究すること自体が日本軍「慰安婦」問題の植民地性を分析する扉に立ち入ることになると主張する。[*30]

※　姜徳景さんの場合は、挺身隊として連行され「慰安婦」にされたケースというよりも、挺身隊として連行されそこから逃げ出して捕まり、「慰安婦」にされたという特異なケースである。なお、１９４５年当時（敗戦前）に日本の北陸にいた部隊が「慰安婦」を連れて移動していたことはなかったという説もある。

第3部

資料と証言、歪曲したり奪い取ったりせず文脈を見る

1　連合軍捕虜尋問資料をどのように読むか

資料に問いかけ聴く

どのように調査したら望む資料や必要な資料と出会えるか。重要な資料と出会った時、どのように読み、分析し、活用するか。専門研究者や大学院生を対象に資料調査と研究方法論を講義するたびに尋ねる質問である。

私は歴史を勉強する社会学者として、主に「文書」資料を調査分析し、国内外の資料アーカイブの調査研究方法のノウハウを蓄積してきた。そのような私にとって、二つの質問、つまり、資料の調査方法と資料の研究方法は互いに緊密につながっている。資料の研究方法について先に答えるとしたら、私は重要な文書と出会った時、目の前にある文章の内容を単純に文字通り読み、私の主張に必要な文章を抜き出し、〔主張を〕裏づけるものとして活用することに警戒する。それよりも時には顕微鏡で、時には望遠鏡でこの文書資料が生産された構造と文脈のスケールを読み解こうとし、多様な問いを引き出す。この問いに答えながら文書資料の字間と行間にある意味を発見し、分析する。これにとどまらず、この文書資料の分析内容に関する他の類型の資料、たとえば、口述証言資料、写真や映像などの視覚資料、地図資料などとクロス分析しながら、より豊かな意味を導き出す方法について考えてきた。そのため、実証的な方法と解釈的な方法、そして構造的分析の方法をクロスして使用することが多い。

このようにして「資料に問いかけ聴」いてみると、また別の資料調査のきっかけを得られることが多い。研究を通じ、資料が生産された背景についての理解——誰が、またはどのような組織が、なぜ、どのような目的で、いつ、どこでこの資料を作成または製作し、どのような系統で配布され、どのように活用されたのか、など——が深くなればなるほど、まだ発掘されていない関連資料の存在を知ったり、見つけられる。資料アーカイブの権利構造をよく理解し、多様な検索ツールとガイドを活用できたなら、まるでさつまいものつるを引っ張るように資料の塊がするすると出てくることもある。そのようにして出会った資料は、生産された背景に関する深みのある実証的・解釈的・構造的分析を通じ、私に、私たちに、話しかけてくれるのである。

しかし実証的に資料を分析し、再加工して証拠として据えるという李栄薫《イ・ヨンフン》は資料をどのように調査し、研究したのであろうか。日本軍の「慰安婦」問題に関し、彼が『反日種族主義』で重要な資料として扱っている米軍資料が一つある。彼は「米軍尋問記録から、慰安婦制の本質と実態に関する、他のどの記録よりも詳しく正確な情報が引き出せます」〔日本語版270頁〕として、その内容を重要な論拠として解釈し活用した。しかし彼はその尋問記録の正確な名前など資料元の情報を明らかにしないのである。

ソースを明らかにしないまま選別した資料を過剰に解釈する

私は、李栄薫がこの尋問記録の内容を『日本軍慰安所管理人の日記』の「付録1．米軍戦時情報局心理作戦班、日本人捕虜尋問報告第49号」でまず確認したのだと思う。この資料は日本の右派たちが日本軍「慰安婦」の否定を主張する時に活用することが多いので、彼はインターネット上で閲覧できる「原資料のコピー」程度を確認したのではないかと思っている。彼が自ら強調しているように、資料を実証的に研究したというのであれば、アジア女性基金が出した資料集『政府調査「従軍慰安婦」関係資料集成5』に収録されているものくらいは確認しただろう。とはいえ、李栄薫がこの尋問報告書の内容を分析し、活用する方法は、ただ単に文字通り内容を読み、自分の論拠として必要な文章だけを選び、抜き出す程度である。資料の内容を選別し、過剰に解釈したり、さらには、歪曲する場合もある。

この米軍文書資料の内容をきちんと分析しようとするならば、文書作成者はどんな人物で、どのような組織に所属しており、どのような意図と目的でこの文書を作成したのか、この文書が持つ認識と理解水準が作成者個人に限ったものなのか、組織一般に該当するのか、それが活用されたのか否かなど、資料が生産され活用された背景を理解することが必要である。そうして初めて文書資料に記述された情報の価値と妥当性、内容の現実性などを評価することができる。つまり、この「軍資料」も他の関連資料とのクロス分析を用いて初めて、李栄薫があれほどまでに好んでいる基本的事実を実証的に構成することができるようになるのである。

この「米軍尋問記録」の名前は「日本人捕虜尋問報告第49号」（Japanese POW Interrogation Report No.49, 以下、「尋問報告49号」）である。米陸軍インドービルマ戦域に配属された米国戦時情報局ＯＷＩ心理戦チーム（別名レドチーム）のアレックス・ヨリチ（Alex Yorichi）が１９４４年10月１日に作成した尋問報告書である。

　戦時情報局は１９４２年６月、ルーズベルト政権が米国の国内外の宣伝（プロパガンダ）と心理戦のために作った組織である。ヨーロッパと中東、極東に海外前哨基地を置いており、中国―ビルマ―インド全域にもニューデリー、レド、昆明などに前哨基地を置いて、心理戦チームを運営した。レドチームは戦時情報局の

〈図3〉「日本人捕虜尋問報告第49号」の1ページ目と文書に添付された20名の朝鮮人「慰安婦」の名簿

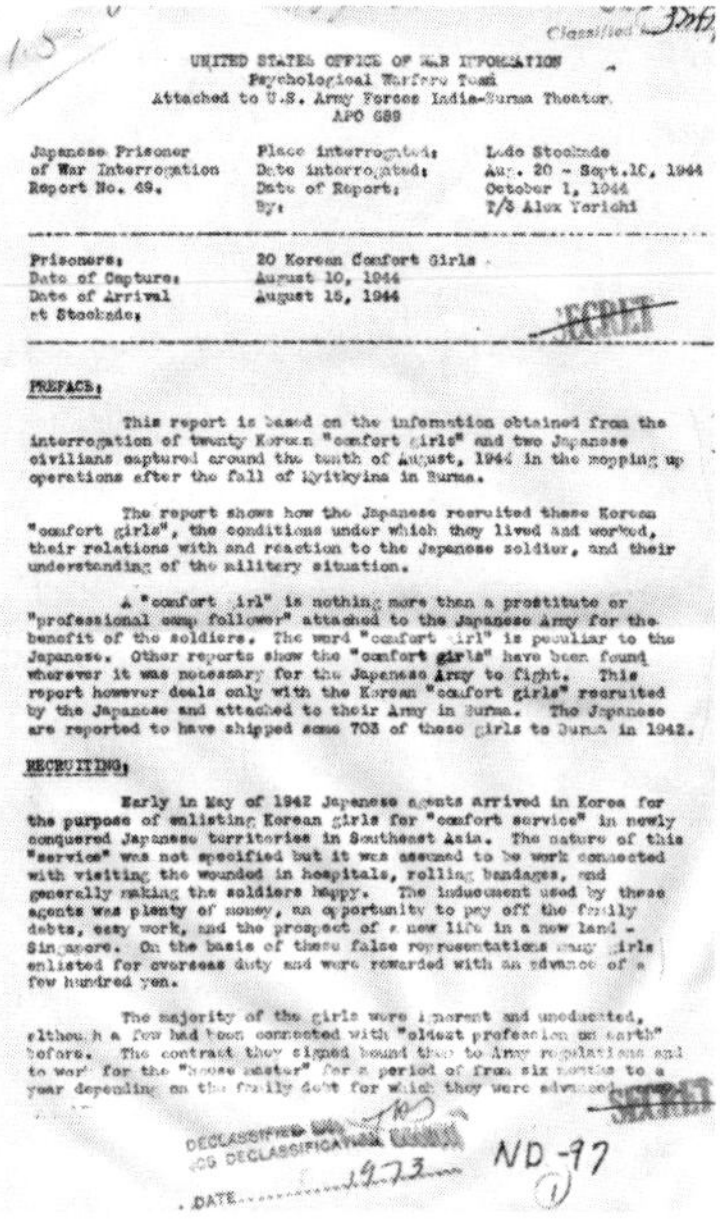

Classified

UNITED STATES OFFICE OF WAR INFORMATION
Psychological Warfare Team
Attached to U.S. Army Forces India-Burma Theater
APO 689

Japanese Prisoner of War Interrogation Report No. 49.	Place interrogated:	Ledo Stockade
	Date interrogated:	Aug. 20 – Sept.10, 1944
	Date of Report:	October 1, 1944
	By:	T/3 Alex Yorichi

Prisoners:	20 Korean Comfort Girls
Date of Capture:	August 10, 1944
Date of Arrival at Stockade:	August 15, 1944

SECRET

PREFACE:

This report is based on the information obtained from the interrogation of twenty Korean "comfort girls" and two Japanese civilians captured around the tenth of August, 1944 in the mopping up operations after the fall of Myitkyina in Burma.

The report shows how the Japanese recruited these Korean "comfort girls", the conditions under which they lived and worked, their relations with and reaction to the Japanese soldier, and their understanding of the military situation.

A "comfort girl" is nothing more than a prostitute or "professional camp follower" attached to the Japanese Army for the benefit of the soldiers. The word "comfort girl" is peculiar to the Japanese. Other reports show the "comfort girls" have been found wherever it was necessary for the Japanese Army to fight. This report however deals only with the Korean "comfort girls" recruited by the Japanese and attached to their Army in Burma. The Japanese are reported to have shipped some 703 of these girls to Burma in 1942.

RECRUITING:

Early in May of 1942 Japanese agents arrived in Korea for the purpose of enlisting Korean girls for "comfort service" in newly conquered Japanese territories in Southeast Asia. The nature of this "service" was not specified but it was assumed to be work connected with visiting the wounded in hospitals, rolling bandages, and generally making the soldiers happy. The inducement used by these agents was plenty of money, an opportunity to pay off the family debts, easy work, and the prospect of a new life in a new land - Singapore. On the basis of these false representations many girls enlisted for overseas duty and were rewarded with an advance of a few hundred yen.

The majority of the girls were ignorant and uneducated, although a few had been connected with "oldest profession on earth" before. The contract they signed bound them to Army regulations and to work for the "house master" for a period of from six months to a year depending on the family debt for which they were advanced.

SECRET

DECLASSIFIED
DECLASSIFICATION
DATE 1973

ND-97

1

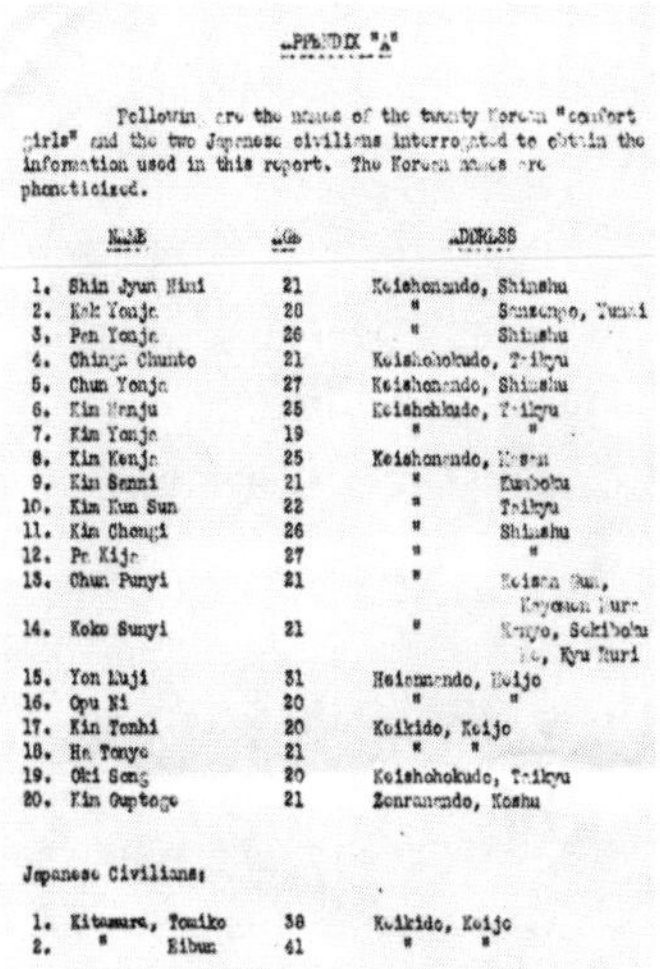

APPENDIX "A"

Following are the names of the twenty Korean "comfort girls" and the two Japanese civilians interrogated to obtain the information used in this report. The Korean names are phoneticized.

	NAME	AGE	ADDRESS
1.	Shin Jyun Nimi	21	Keishonando, Shinshu
2.	Kak Yonja	28	" Sanzenpo, Tunni
3.	Pen Yonja	26	" Shinshu
4.	Chinga Chunte	21	Keishohokudo, Taikyu
5.	Chun Yonja	27	Keishonando, Shinshu
6.	Kim Nanju	25	Keishohokudo, Taikyu
7.	Kim Yonja	19	" "
8.	Kim Kenja	25	Keishonando, Masan
9.	Kim Senni	21	" Kumboku
10.	Kim Kun Sun	22	" Taikyu
11.	Kim Chongi	26	" Shinshu
12.	Pa Kija	27	" "
13.	Chun Punyi	21	" Keisan Gun, Keyosan Lure
14.	Koke Sunyi	21	" Kenyo, Sekiboku Mo, Kyu Duri
15.	Yon Muji	31	Heianando, Heijo
16.	Opu Ni	20	" "
17.	Kim Tonhi	20	Keikido, Keijo
18.	Ha Tonye	21	" "
19.	Oki Song	20	Keishohokudo, Taikyu
20.	Kim Guptoge	21	Zenranando, Koshu

Japanese Civilians:

	NAME	AGE	ADDRESS
1.	Kitamura, Tomiko	38	Keikido, Keijo
2.	" Eibun	41	" "

所属でありながら、この全域に配置された陸軍に配属されており、軍と民間要員の合同組織として運営された。日本軍に投降を勧めたり、日本軍と現地住民たちを分離させる心理戦を行うこともあった。レドチームには、「ニセイ」（日系二世）たちが多く参加していた。彼らは日系であるという理由で潜在的な敵国民と認識され、差別を受けたりもしたが、米国にとっては敵の言語を翻訳できる大切な資源でもあった。ニセイは日本語で日本軍の捕虜を尋問したり日本軍から奪った文書を翻訳する任務を遂行した。日本軍と見かけが同じで、さらには捕虜と故郷が同じという場合さえあり、簡単に敵の心を開かせることができた。彼らの活動の成果が戦時情報局ニューデリー前哨基地の「日本人捕虜尋問報告」シリーズである。[*1] 1944年1月から10月まで合わせて49の尋問報告書が作成された。

アレックス・ヨリチは1944年8月20日から9月10日まで、ビルマのミッチナーでレド収容所に移送された朝鮮人「慰安婦」20名と業者夫婦2人を尋問した。捕虜たちは日本軍ミッチナー守備隊114連隊（丸山部隊）に配属されたキョウエイ慰安所の「慰安婦」と業者であった。アレックス・ヨリチは尋問結果を集め「尋問報告49号」を作成しており、その中には朝鮮人「慰安婦」の動員方法、ビルマ移送過程と方法、「慰安婦」生活、日本軍の管理下での業者の慰安所の運営と日本軍の利用実態、日本軍に捨てられ連合軍の捕虜となった過程が叙述されている。米軍等の連合軍資料の中で日本軍「慰安婦」問題を全面的に扱ったものは数えられるほどしかないので、これが重要な「慰安婦」関係資料であることは間違いない。

興味深いことに日本の右派たちも「尋問報告49号」に注目し、一部の内容だけを強調し、選別的に取り上げ過剰に解釈し、歪曲、活用している。つまり、この尋問記録に含まれている情報の価値と妥当性、叙述された内容の真実性を比較確認するための参照資料が求められる。資料の生産された文脈から見ると、戦時情報局が作成した「日本人捕虜尋問報告」シリーズはレドチームが独自に入手した情報から作成されたものもあるが、戦時情報局ニューデリー前哨基地と共同作戦を遂行したニューデリーに所在する英国軍合同軍事情報尋問センターインド支部CSDIC I・東南アジア翻訳尋問センターSEATICがともに進めたものもいくつかある。この尋問記録は「尋問報告49号」を補完する内容を含んでいる。そのうち「東南アジア翻訳尋問センター心理戦尋問会報第2号」(SEATIC Psychological Warfare Interrogation Bulletin No.2, 以下「尋問会報2号」)は「尋問報告49号」と同じ日本人業者(キタムラ夫婦)を尋問し作成したものであり、二つの資料を比較することができる。

東南アジア翻訳尋問センター資料などと比較分析しなければならない

東南アジア翻訳尋問センターは、1944年1月26日、東南アジア連合軍総司令官会議の決定によって組織された。英国軍と米中連合軍がビルマを奪還する作戦を展開しながら、敵から奪った文書を急いで翻訳し、捕虜を尋問できる新しい組織が求められていたのである。東南アジア翻訳尋問センターは合同軍事情報尋問センターインド支部と連合軍の情報・翻訳要員が中心となり活動を始めた。1944年5月24日、米軍のスウィフト大佐がセンターの責任者として赴任した時から、米軍のニセイ派遣隊もここに合流することになった。東南アジア翻訳尋問センターはビルマ作戦の間中、ビルマのミッチナーからラングーンまで多くの日本軍の文書を奪い、少なくない捕虜たちを尋問した報告記録を作成した。米軍のニセイは、防諜と心理戦に投入されたが、すでに述べたように、米軍の戦時情報局レドチームなどと共同作戦を展開したりもした。

「尋問会報2号」は日本軍「慰安婦」問題に関して、「悪名高い丸山大佐」と「前線地域の日本軍慰安所」についての情報を含んでいた。丸山房安大佐はミッチナーを守備していた歩兵114連隊長で、部下に高圧的で無慈悲であり、慰安所をよく利用していたが、「慰安婦」たちからの評判は非常に悪かったと叙述している。前線の慰安所の情報は、20名の朝鮮人「慰安婦」をビルマから連れてきたキョウエイ慰安所の店主と「ママさん」であるキタムラ夫婦――キタムラエイブンとキタムラトミコ――を尋問した結果を記録したものである。アレックス・ヨリチが作成した「尋問報告49号」が詳細に記していない情報を含んでおり、何よりも二つの資料の間に異なる内容があるので、互いにクロスさせ総合的に検討すると、ビルマの前線の慰安所の運営実態と日本軍「慰安婦」の状況を確認でき、李栄薫の歪曲解釈と詭弁を明らかにすることができる。*2

〈図4〉「東南アジア翻訳尋問センター心理戦尋問会報第2号」表紙

「慰安婦」とは

まず、李栄薫が「米軍尋問記録」(「尋問報告49号」)で、自身の主張のために「持ち出して来た内容」と彼が「解釈し整理した陳述」を見てみようと思う。

①慰安婦とは、日本軍に付属した職業的娼婦である〔日本語版272頁〕。

①はアレックス・ヨリチが「尋問報告49号」で「慰安婦(comfort girl)」を定義した文章である。原文表現を的確に生かして翻訳すると、「慰安婦とは軍人が利用するように日本軍に配属されたprostitute(李栄薫は「娼婦」と翻訳)、またはprofessional camp followerにすぎない[*3]」。だから李栄薫は慰安婦を「職業的娼婦professional prostitute」たちだと翻訳した。しかし、このように用語をそのまま翻訳することは間違いである。日本語で捕虜を尋問したアレックス・ヨリチがどのような日本語の単語を聞き、prostituteという英単語に翻訳したのかを知ることが重要である。つまり、尋問者と被尋問者の間に「翻訳」が介入する。この翻訳の問題は普通、尋問者が参照する構造化された翻訳マニュアルまたは辞書の問題かもしれないし、尋問者の個人的な認識および理解水準にかかっていたりもする。

アレックス・ヨリチは「イアンフ」という音を聞き、当時ニセイの兵士たちが参考にしていた辞書に沿ってprostituteと翻訳した。つまり、prostituteは、現在の意味の「娼婦」を意味する普通名詞ではなく、「慰安婦」を示す翻訳概念であった。米軍翻訳・通訳兵士を育成する軍情報隊言語学校MISLSが編纂した用語辞典には、日本語単語「軍慰安婦」が出てきたら「army prostitute」と翻訳するように示されていた。このように見ると「職業的従軍者」という表現は言葉通り「軍慰安婦」と同義なのである。

このような状況を考慮せずに米軍報告書でprostituteやprofessional camp followerという用語が出てきたと言って、それが自発的な「売春婦」(または娼婦)であるというように翻訳し、それを米軍の認識と理解であると断定することは、無知または歪曲を示すだけである。実際にアレックス・ヨリチは、「女性たちのうちの一部は『世界最古の職業』で働いたことがあったり、大多数は無知で教育を受けられず」病院に入院した負傷兵を訪問し、包帯を変えるなどの仕事だと聞いてきて、このような詐欺に騙されて何百円の前借金を受け取ったが、今やそれが借金となり、隷属させられていると書いている。[*4]

②彼女たちは男性を弄ぶ方法を知っていた〔日本語版272頁〕。

②の文章は李栄薫がまるで「尋問報告49号」に出てくる表現であるかのように引用形式で抜き出した表現である。アレックス・ヨリチが書いたどの文章を見て李栄薫は「彼女たちは男性を弄ぶ方法を知っていた」と書いたのだろうか。たぶん、次の文章であろう。

（朝鮮人「慰安婦」は）教育を受けられず、幼稚で、バカで、利己的である。慰安婦は日本人や白人の基準から見るとかわいくはない。彼女たちは自己中心的な性向があり、自分たちについての話をすることが好きである。彼女たちの態度は親しくない人の前では静かでおとなしく見えるが、「女の技術を知っている」。

アレックス・ヨリチは、「女の技術を知っている」という表現を引用符をつけて記した。「尋問報告49号」は、朝鮮人「慰安婦」20名と業者を「一人ずつ詳しく調査し」作成されたものだが、そのような表現で「慰安婦」自らが話をしたとは考えられない。業者（キタムラ夫婦）の表現であるかもしれないが、基本的にはアレックス・ヨリチの視線と認識が強調されているものであると判断できる。これをもってレドチームの同僚であるカール・ヨネダは、「本部の文官は言うまでもなく、基地司令部の将校までも『ちょっと読ませてくれ』と大騒ぎになった。万一印刷して発行したらベストセラーとなり、ヨリチは金持ちになるだろうとさげすむ声が多かった」と皮肉っていた。*5

アレックス・ヨリチの報告書はレドチームを通じて「米軍のワシントン」本部に提出された。植民地朝鮮の住民たちの「激憤」「激怒」を引き起こし、日本本土と朝鮮、満州地域での朝鮮人の「蜂起」を助長するために米軍対日心理戦の資料として使われたのである。*6 繰り返しになるが、日本軍「慰安婦」への米軍心理戦チームの尋問は、「敵による植民地の女性の蹂躙」という男性的で軍事的な視覚が投影されたものだったのである。

李栄薫は「女の技術」を「男性を弄ぶ方法」と理解しているように見える。彼が「慰安婦」を性奴隷ではなく金を稼ぐために性を売る「売春婦」と認識していたため、躊躇なく使える表現であったと思われる。

誰がどれだけ「慰安婦」を動員したのか

③東南アジアの日本軍は、一九四二年五月頃、朝鮮軍司令部と朝鮮総督府に女性たちを送ってくれるよう頼みました。朝鮮軍司令部は、朝鮮の周旋業者と接触しました〔日本語版270頁〕。

③の整理は非常に興味深い。なぜなら、アレックス・ヨリチは「1942年5月初頭、日本人業者たちが『慰安婦サービス』（慰安接客）をする朝鮮の女性を募集する目的で朝鮮に到着した」と書いただけであり、東南アジアの日本軍が朝鮮軍司令部と朝鮮総督府に「慰安婦」を求め、そのために朝鮮人周旋業者と接触をしたとは明示的に書いてはいないからである。

もちろんこのテーマについて少しでも調べたことのある研究者であれば、李栄薫が書いたような南方（東南アジア）方面の日本軍司令部が朝鮮軍司令部と朝鮮総督府だけではなく支那（中国）方面司令部などに「慰安婦」を送るように求めたという事実と、朝鮮人「慰安婦」たちが業者らを通じ募集され、東南アジアに移動したという事実を知っているだろう。ここで非常に細かい、しかし重要な指摘をすると、アレックス・ヨリチが「日本人業者たち」と書いたのを、李栄薫が「朝鮮の周旋業者」に読み替えたことである。李栄薫は朝鮮の周旋業に小売市場―卸売市場―中央市場のような位階があっ

た と表現しながら、「推測するに、朝鮮軍司令部は、中央市場に該当する大物の周旋業者何人かに、その仕事を依頼した」〔日本語版270頁〕ものであると叙述する。

④周旋業の全国的なネットワークが作動し、おおよそ八〇〇人の女性を東南アジアに送り出しました。女性たちは一九四二年七月前後、四回に分けて釜山港を出発しました〔日本語版270頁〕。

これからわかるように李栄薫は、軍が要請した「慰安婦」は、植民地朝鮮で「周旋業市場」が合法的に作動した結果、父母または戸主の手により業者に渡った娘や娼妓の経験を持っていた女性であり、海外に「送り出された」ものだと主張している。彼がいつも強調するのは、「慰安婦」制度は合法であり、「慰安婦」は性奴隷ではなく、あえて責任を問うのであれば、植民地朝鮮の戸主に問うべきということだ。

李栄薫の主張は、『帝国の慰安婦』で日本軍と政府は構造的・間接的強制性に対する責任があるだけで、業者たちこそが現実的・直接的な強制性への責任をとらなければならないという朴裕河《パク・ユハ》の主張より、さらには2015年12月28日に「軍の関与」という条件の責任だけを認め、事実上朝鮮人業者と店主に責任を転嫁した日本政府よりももっと極端な否定論の立場に立っている。

「おおよそ八〇〇人」の「慰安婦」たちが、「一九四二年七月前後、四回に分けて釜山港を出発」したという叙述も問題である。李栄薫は朝鮮人「慰安婦」数20万名というのは「とてつもなく誇張された数」であるとし、「慰安婦」の総数は3600人程度の規模であったと主張する。つまり、中国方面と、インドシナおよびオランダ領東インド（インドネシア）、南太平洋の島々に「慰安婦」動員があったことを鑑みると、ビルマ方面には８００名余りが行ったと主張しなければならないのである。これは事実なのであろうか。

まず、アレックス・ヨリチが作成した「尋問報告49号」には、「日本人が１９４２年に慰安婦約７０３名を船舶に乗せたと報告されたことがある」という文章と「約８００人の女性たちがこのような形で動員され、１９４２年８月頃、日本人店主たちとともに、ラングーンに上陸した」という文章があるだけである。

李栄薫が「四回に分けて」と主張する根拠は、『日本軍慰安婦管理人の日記』に出てくる「第４次慰安団」[*7]という表現を念頭においていると判断できる。第４次慰安団は１９４２年７月10日釜山港を出発し、８月20日、ラングーンに到着した。しかしこの管理人の日記には１９４３年12月、１９４４年７月あたりにも（後続の）慰安団が朝鮮からシンガポールに向かって出発した可能性を示唆すると同時に、慰安団は軍で組織されたとはいえ、慰安婦の募集は業者が担ったことを示す内容も含まれている。また、ビルマ方面に行った「慰安婦」たちは朝鮮だけから出発したのではない。南方方面司令部は支那方面司令部にも要請し、南京と上海などでも慰安団がビルマに向かった。第４次慰安団と似たような時期に「慰安婦」朴永心《パク・ヨンシム》や彼女と一緒にいた「慰安婦」たちもシンガポールを経てラングーンに上陸した。つまり、シンガポールを経て、ビルマのラングーンに入った「慰安婦」の規模は李栄薫が推算したような８００÷４ではなく、８００×４＋αであると考えるのがより合理的である。この規模だけでも李栄薫が「慰安婦」全体の規模だと推算している３６００名を上回っている。

これとは別に、李栄薫は、オランダ領東インド南太平洋諸島の「慰安婦」たちについての情報を含んでいるオランダ情報隊NEFISの報告書や、南西太平洋連合軍SWPA司令部マッカーサー将軍の情報参謀ウィロビー将校のもとにあった連合軍翻訳通訳センターATISが作成した「慰安婦」関連報告書を見ていないと思われる。沖縄島とその近くの島々〔琉球諸島〕に配置された「慰安婦」関連記録も同様である。満州や中国前線には、早い時期から南方〔東南アジア〕や南洋〔南太平洋〕よりも多くの「慰安婦」たちが強制動員された。

⑤女性たちが身分証明書と旅行許可書を受け取り日本軍の輸送艦に乗るには、総督府警察の協力が必須でした〔日本語版270頁〕。

〔李栄薫は〕資料を搾取するように選別し、歪曲だと言えるほどの解釈や詭弁を続けているので、⑤のような主張くらいではもはや驚かない。文章をそのまま理解しようとすると、「慰安婦」たちが総督府警察の協力で身分証明書と旅行許可書を受け取り日本軍の船に乗ったということを認めている。繰り返すと、李栄薫は日本軍が主導し、総督府が関与して「慰安婦」を動員し、管理したことは事実であると認めるが、慰安婦制は公娼制の変形であるため、合法であり、「慰安婦」個人の自由意思と契約を通じ、営業したものであるので、性奴隷ではないと主張するのである。

ビルマでの「慰安婦」の生活

⑥彼女〔慰安婦〕たちの生活は比較的贅沢であった。食料と物資を購入できる充分なお金を持っていたため、彼女たちの生活は良かった。（中略）月所得は、少ない人で三〇〇円、多い人で一五〇〇円でした。店主に対する分配率は五〇パーセントから六〇パーセントでしたが、具体的比率は、前借金の大きさによって異なりました。分配後の残りが慰安婦の所得でした。そこから食費を含めた生活費が支出されましたが、店主が高い価格を要求して彼女たちを困らせました。しかし、不平を言う程度で、彼女たちを縛るほどではありませんでした〔日本語版272頁〕。

「尋問報告49号」では、「ビルマで慰安婦たちの生活は他の場所に比べたら贅沢だと言えるほど」であり、「食料や物資の配給に大きく依存しておらず、望む物品を買うお金は十分だったので、彼らは豊かに暮らした。服、靴、たばこを買うことができた」と叙述している。また、軍の「遠足、娯楽、社交晩餐に参加」し、「蓄音機を持っており、市内に買い物に行くこともできた」という内容もある。[*8]日本の右派たちは、この内容から「慰安婦」がたくさんのお金を稼いだ売春婦であると主張してきた。李栄薫も「慰安婦営業」が「ものすごく稼ぎの良い仕事」であると主張している。

しかし、このような状況は「彼女たちがビルマで送った二年目の年が特にそうだった[*9]」という事実に注目する必要がある。ビルマのミッチナーは、カチン州の首都である。この都市を占領し駐屯した日本軍にとって、1943年までの戦況は非常に有利なものであった。キョウエイ慰安所の業者と

「慰安婦」たちがミッチナーに戻ってきたのは1943年1月のことであった。1943年の中旬まではミッチナーでは「食料も非常に多く、シャツや半ズボンなども十分な供給があり安く買うことができた。しかし消費財がなくなり代替品目が到着しないようになると、価格が高騰するようになった。1943年10月にはものすごい価格にまで到達した」[*10]。戦況がより悪くなるとミッチナーのような遠いところまでは補給品がほとんど来なくなった。1944年11月からビルマでも大規模な空襲が始まり、古い在庫品はものすごく高い価格で売られるようになる。

ミッチナー守備隊長であった丸山大佐は、戦況がさらに悪くなり補給品が不足するようになった時でさえ、ある期間までは「慰安婦」たちが望むだけの食料と生活用品を持てるようにしていた。部下の将兵たちに悪名高かった彼はしょっちゅう「慰安婦」のもとを訪れ、〔女性たちを自分の〕横にはべらせておこうとした。彼は「慰安婦」たちに補給品をプレゼントしたりもしたが、慰安所の利用料金を下げさせ、「慰安婦」たちの収入を減らした[*11]。慰安所の店主は「食品やその他の物品を高い値段に設定し慰安婦の生活を非常にきついものにした」[*12]。そのような状況の中で戦時インフレで物価が高騰したので、「慰安婦」生活が贅沢であるわけがなかった。

「慰安婦は日本軍が戦わなければならなかったすべての場所で発見された」[*13]。〔それにもかかわらず〕李栄薫は1943年のビルマのミッチナーにあった慰安所の状況だけを選び、「慰安婦」たちの生活が贅沢であったと一般化する。時期と戦況事情によって、「慰安婦」生活の状態は違った。後方であるシンガポールよりも前線のビルマが、ビルマの中でもミッチナーのような前線が、または戦況が悪くなるにつれて「慰安婦」生活も急激に悪い状況になった。それにもかかわらず「贅沢」や「遠足、娯楽、社交晩餐」、「蓄音機」などの内容だけを取り上げて、文脈を無視して引用する李栄薫や日本の右派たちの意図と手法は手の内が見え透いている。

本人の意思に反して動員され、慰安所で性行為を強要された状態にあった日本軍「慰安婦」たちにも日常と人生があった。戦争の中で日々の生活を送ったことは明らかである。しかし多くの将校と兵士たちは「慰安婦」たちがくれる「慰安」に牧歌的なものを感じ、ひどい場合にはロマンのあるシーンとして回想する。女性の立場としては疲れ切って、苦痛に満ちたものであったが、それでも必ず生き抜かなければならなかった。そのため彼女たちはそのような人生にもわずかながらも楽しい仕事があったと記憶する。〔誰かに〕愛着を感じたり、「良い」日本軍人への愛や好感を思い出したりもする。積極的に何かをやりとげ、周囲からうまくやっていると認められる行為、たとえば歌が上手な自分を眺め、自慢に感じるという「良い」記憶を思い出す。彼女たちがさまざまな生きる戦略と態度を作り出し、戦争の日常を耐え抜いたエピソードは本当に色とりどりで、互いに矛盾することさえある。ビルマの文玉珠《ムン・オクチュ》の話がそうであった。沖縄の戦場で「慰安婦」として動員され、捨てられた裴奉奇《ペ・ポンギ》の人生の話はどうだっただろうか。「日常が戦争だったから、戦争もまた人生だった」「生き残ったから生きようと思った」という言葉は、彼女が感じていた疲労と苦痛の深さに出会わせてくれる。確証バイアスに陥ったまま、数値だけを単純に詠じていた李栄薫は、そのような言葉を聞こうともせず、その深さを感じることもできないように見える。

⑦一年後の一九四三年後半に、負債を全て返済した慰安婦は帰国できる、という命令が下り、その命

令により一部の慰安婦が朝鮮に帰った〔日本語版262頁〕。

「尋問報告49号」には「慰安婦」の廃業と帰還について二つの文章が叙述されている。李栄薫は『日本軍慰安所管理人の日記』のシンガポールの事例と、文玉珠の事例をあげながら、「慰安婦」たちは「自由廃業」でき、そのため、性奴隷ではなかったと主張する。しかし「自由廃業」とは、契約期間や前借金が残っていても廃業できることを意味する。「負債を全て返済したら」という条件をつけているのであれば、それは自由廃業ではない。

「尋問会報2号」にも、「慰安婦」が前借金と利子をすべて返せば、朝鮮に向かう無償通行券をもらうことができたが、「戦時状況のせいで慰安婦の中でこれまでこの地を去った人は一人もいない。1943年6月に第15軍司令部が債務を精算した女性たちを故郷に帰すように決定したが、債務を精算し、故郷に帰ることを望む女性は、すぐに説得され、残ることになった」と記録されている。すでに述べたように、日本本土の公娼制とは異なり、植民地朝鮮の公娼制は女性の自由意思による廃業が難しかった。異国の地の戦場で「慰安婦」生活をする女性が負債をすべて清算し、廃業することは、構造的にもっと難しいことであった。現地の司令部がたとえそのように命じたとしても、実際にその命令が守られるのは困難であったのが戦争の現実であった。

2 日本軍「慰安婦」被害者の話をどのように聴くのか

文玉珠の話を切り取り歪曲する

日本軍「慰安婦」文玉珠《ムン・オクチュ》の話は、李栄薫《イ・ヨンフン》が自身の主張を裏づけるものであるとして証言の一部を切り取り、歪曲しながら利用する重要な事例のうちの一つである。早くから日本の歴史否定論者たちがこのような方式で文玉珠の話を活用してきたが、李栄薫はそれを繰り返すというレベルではなく、さらに悪意に満ちた活用をしている。

文玉珠は、1991年8月14日に金学順《キム・ハクスン》が日本軍「慰安婦」であったことを自ら初めて公開証言したことを見た後も沈黙していた。そんなある日、古くからの知り合いであった李《イ》ヨンナクが文玉珠を訪れ、これは歴史の問題だからあなたが恥ずかしく思う必要はないと説得したという。これに対し、文玉珠は何を思い、何を考えただろうか。「ああ、とうとうそのときがきた」と文玉珠は思った。李ヨンナクが「(私が)慰安婦だったと見抜いていたことが恥ずかしくて、身の縮む思いだった」が、悩んだ末に名前を明らかにしようと決心したという。*14

文玉珠を助け、その言葉を聴き、記録し、証言集を編んだ森川万智子は、名前を明らかにするように李ヨンナクが説得したことがどのような意味を持つのか、文玉珠ハルモニは正確に理解していたという。

「わたしは最近、自分の生い立ちや慰安婦だったということを、あれは歴史だったのだと思うようになってきました。両班の政治家たちが長いキセルでたばこをぷかぷかとふかして悠長な政治をしていたから、わたしの国は日本の植民地にされてしまった。わたしたちの犠牲もそのせいだと理解していますよ。国がやり方を間違うと、こんなことになってしまう。」

「名乗りでたからには、歴史にわたしたちの存在をきちんと残し、二度とあんなことが起きないようにしてほしい。日本政府には、堂々と謝罪と賠償をもとめる運動をしていきたい。わたしはもう何度も日本にいって慰安婦時代のことを証言した。でも日本政府は、いつも冷たい。国会にもいった。貯金を返してほしいと、郵政省との交渉もした。宮沢首相がわたしたちに謝罪をしたというのに、どうしてわたしたちは門前払いばかりされるのか、わけがわかりませんよ。[*15]」

文玉珠が自ら明確に説明し、意味付与をしているのにもかかわらず、李栄薫は文玉珠が「カミングアウト」を決心した場面を自分の意図に沿って歪曲して脚色し主張する。李栄薫は李ヨンナクが文玉珠を「促し」ソウルの挺対協に電話をかけたので、金学順に次ぐ2人目の告発をすることになった、まるで「カミングアウト」を強要されたというニュアンスで叙述しているのである。また、文玉珠の話が公になると、なぜ名前を明らかにしたのか、お金(補償金)のために申し出たのか、二度と会わないという友達や親戚からの電話を受けて、文玉珠はすべてを失うしかなかったと李栄薫は主張する。そして李栄薫は、ビルマで「慰安婦」として一緒に過ごした「ヒトミは良い生活をしていて、日本人の血筋を継ぐ息子は、大きくなって出世もした」が、「ヒトミは、自分の過去を文玉珠が明かすのではないか、と震えていたかも」しれないと言う〔日本語版290頁〕。

文玉珠の「告白」が強要されたものであるかのように書いた李栄薫の意図は明らかである。「挺対協は、自らの功明心を満足させるために、自らの仕事に繋げるために」、文玉珠「個人の人生史など、どうでも良いこととして投げ捨て」「慰安婦」を前面に立たせるデモを行い、「誰も楯つけない、全体主義的権力として君臨」〔日本語版291頁〕したと主張するためである。

しかし李栄薫が整理したヒトミの話は事実なのか。ヒトミは文玉珠と一緒に連れていかれた17人の中で、生還した3名のうちの一人である。結論から言えば、文玉珠が過去を暴露するのではないかとヒトミが胸を痛めていただろうという李栄薫の言葉はまったくの作り話である。ヒトミの妹が自分を訪ねてきた文玉珠ハルモニに「釘をさす」言葉を発したというのが事実だった。これに対し森川万智子は次のように書いた。

「文玉珠さんにはヒトミの妹の心が痛いほどわかった。姉の生活に波を立てないように、と思いやっているのだ。名乗り出たことには一言もふれず、わざととりとめのない世間話だけをして彼女は帰ってきた。ヒトミは大邱《テグ》から少し離れたところで健康に暮らしているという。背の高かったヒトミは、いまでは腰が曲がってしまって小さくなっているそうだ。日本兵の血を引く一人息子は立派に成長し、出世している。[*16]」

李栄薫は、文玉珠の話の記録として森川が叙述したもともとの意味を奇妙に曲解し、奪い取って自分の主張に合わせて書き直した。そうして李栄薫はヒトミが「健康に暮らしている」という表現を「良い生活をして」いるという言葉に置き換え、それをまるでヒトミが自身の「慰安婦」の過去を告白しなかったためであったかのように因果関係を設定した後、過去を告白した文玉珠と対比させる。そうして李栄薫は次のように自分の考えを長く述べる。

そのように多くの女性たちが、当時まで生存していた数千人の女性たちが、息を殺して自分たちの過去を隠したと思います。愛する子供や孫、友人を無くすかもしれないという心配のためです。私は、そのほうがより素直なふつうの人々の感情だと思います〔日本語版290頁〕。

ビルマから帰って四五年間、彼女は熾烈に人生を生きました。苦しくても、やりがいのある人生でした。その全てが消えました。彼女の友人、身内、彼女が育てた子供たちの皆が、彼女から離れて行きました。

私(李栄薫)は、慰安婦制を日本軍の戦争犯罪という認識に同調しません。(中略)それは当時の制度と文化である公娼制の一部でした。それを日本軍の戦争犯罪であると単純化し、どこまでも日本の責任を追及したのは、韓国の民族主義でした、李ヨンナクのような両班の子孫が主体となった民族主義でした。朝鮮王朝の五〇〇年間、妓生の性を搾取した、その両班の端くれの反日感情が、妓生の系譜を継ぐ文玉珠を再び慰安婦として動員し、裸にしたのです〔日本語版290〜

291頁〕。

李栄薫は、文玉珠が「自分の人生を愛し、自分の家族を愛し、極貧だった実家が自分に強要した妓生という職業を忠実に務め、さらには他人の子供を四人も育てた誠実で鋭敏で勇敢な女性」であって、「民族の聖女」ではなかったのに、挺対協の「暴力的心性」が文玉珠をそのように追いやったと主張している〔日本語版291頁〕。

李栄薫の言葉には、性暴力被害者に対し、すでに起こってしまったことなので家族の体面があるから汚物でも踏んだと思って根気よくきちんと生きていけと忠告する、加害者または加害の立場から話をする者たちの姿が見えると言ったらあまりにもひどい言葉だろうか。「そのほうがより素直なふつうの人々の感情」という李栄薫の発言から、韓国社会における性犯罪「カルテル」の根深さを痛感したと言ったら言いすぎだろうか。李栄薫は植民地と占領地の女性を「慰安婦」として動員した日本軍の戦争犯罪に対する追及を、「妓生の性を略取してきた両班の端くれの反日感情」と「民族主義」が問題であったとはぐらかそうとした。彼はこれにとどまらず「妓生の系譜を継ぐ文玉珠」を持ち出し、文玉珠のためのように見せかけ、実際は彼女こそが金をたくさん稼いだ自発的な売春婦であったと暴こうとしているのである。

奪い取られた声を返してもらえるだろうか

文玉珠ハルモニは1996年10月26日にこの世を去った。そのため〔私は〕ハルモニと直接出会うことはできなかったが、森川万智子の導きに従い、文玉珠の声に耳に傾けようとした。短いものではあったが、文玉珠の肉声と息遣いを聴くことができる証言映像資料が助けになった。そして、さまざまな証言集で活字になった言葉を読みながら、文字と文字の間にある非文字的な言語、感情、態度、空気の流れを想像し、その言葉の分節化された意味に迫る努力をした。そのようにして、私は文玉珠の生活、特に彼女が生還した後、韓国で生きてきた戦争のような日常経験がどのようなものであったのか、「カミングアウト」する前まで、彼女の心と体に加えられてきたさまざまなレベルの暴力をどのように耐えて生きてきたのか、「カミングアウト」した後、彼女が反芻しながら吐き出してきた過去と現在の話を聞こうとした。

1991年12月5日に、文玉珠が挺対協の共同代表である尹貞玉《ユン・ジョンオク》に会った時について話す内容に私は長い間、目と心を奪われた。

「わたしが一か、二かを話すと、尹貞玉先生は十も二十もわかってくださった。こんなに慰安婦のことを真剣に研究なさっている学者がいることにわたしは驚き、頼もしく、ありがたいことだと思いました。夜よく眠れないことや、足腰が痛いことなども全部話しましたよ。そうしたら先生は、ほんとうによく名乗りでてくださいました、これからハルモニたちのことを歴史にきちんと残すために、そして日本に謝罪とつぐないをさせるために一緒に運動しましょう、とおっしゃった。」

文玉珠は、「慰安婦」だったことは別に恥ずかしくはないが、だからと言って家族にどうしても話すことができなかった傷として染みついた記憶、その複雑な気持ちを尹貞玉に話すことができ、彼女を尊敬するようになったと告白した。[*17]文玉珠と森川は1992年3月に文玉珠が証言するために福岡を訪れた際に初めて出会った。しかし文玉珠は空港に到着してすぐに、彼女を迎えに来ていた森川たちを無視し、両手で顔を隠したまま大急ぎで通り過ぎたという。彼女の行動はテレビカメラを避けるためのことであったが、森川は拒否されたと感じ、非常に当惑し、加害国の市民としてどうしたらよいのかわからなかったと言う。その場に挺対協の金《キム》ソンシルもいた。文玉珠がご飯を食べている時にも、移動する時も、寝る前の寝床でも、当時の記憶を吐き出していたのだが、金ソンシルはすべての話に耳を傾け聞いてあげていたという。森川は「相槌を打ったり涙をこぼしながら、ただひたすらに聞き続けていたことが印象深」く、一人の人間が持っている「心の傷が癒されていくプロセスを目前にしていることに感動した」と書いている。[*18]

森川は1992年8月、文玉珠がいびきをかきながら寝ている姿を見て感動した。文玉珠は森川と初めて出会った時、ひどい不眠症を訴えた。不眠と痛みは「慰安婦」たちにとって影のようにつきまとうものであった。しかし、いびきをかきながら寝ていたので、自分の中のわだかまっていた過去を少しは吐き出せたと考えた。「慰安婦だったことは、あなたの恥でも、家の恥でも、地域の恥でもありません。あれは日本国の戦争犯罪だったのです」と挺対協が文玉珠に話してくれたためだと考えた。[*19]女の貞操を強要する家父長制社会で「慰安婦」たちは韓国に戻った後も自身の間違いであったと自ら叱責し、沈黙と抑圧を受け入れてきたが、被害者の声をあるがままに聞いてくれ、被害者の間違いではなく加害者が犯罪者であり、その犯罪（者）に対し〔きちんと罪をつぐなわせるために〕ともに闘わないといけないと語ってくれることを、文玉珠はどのように受け止めただろうか。李栄薫が話す「反日民族主義を動員した挺対協の暴力的な心情」などでは決してない。文玉珠は挺対協と出会い、彼女らの言葉を聞きながら、それ以前の人生や人間関係の束縛、そして言葉にできなかった苦痛から抜け出すことができた。67歳になって、彼女はそのような新しい人生を選択した。羞恥、屈辱、沈黙にさいなまれた長い時間から抜け出したのである。

文玉珠は昔の友達の一部を失ったが、「慰安婦」のことを知りながらも友達として過ごしてくれる人たちが本当の友達であると語った。[*20] 李栄薫は、家族と友達を失うかもしれないと恐れて、過去を隠して生きることが「より素直なふつうの人々の感情」〔日本語版２９０頁〕であると、加害者が言いそうな主張を述べるが、文玉珠は強く主体的な女性であった。自身の全生涯を語る彼女の記憶を見つめる私は、彼女が生きた戦争の日常、そして日常の戦争の中で、いかに積極的に生きていこうとしたのかに、のめり込んで聞き入ってしまう。そのため彼女の人生と経験は一面的ではなく多層的であり矛盾している事柄もあるが、それを念頭におきながら、彼女の生涯の複雑な話を読み込まなければならない。森川が聞いて記録した、次のような「文玉珠の正直な心情」の多重的で矛盾するエピソードを「私たち」はどのように理解することができるだろう。

「わたしはあのとき、一生懸命慰安婦をしていました。酒をのみ、たばこを吸い、歌をうたって……。爆撃を受け、逃げまどったり、ジャングルの中を何日もひもじい思いをしながら歩きに歩いたですよ。もう話にもならない。」

「わたしは人間じゃなかった。あのときわたしは人間じゃなかった。」

「わたしは死ななかっただけでも運がよかった。父がわたしを生かしてくれたから生きて帰ってきた、と思っています。アキャブで、サイゴンで、ラングーンで、何回も死ぬような目にあったけど、死ななかったから……。大邱に帰ってきてからでも、どんなに体を使って働いてきたことか。大邱の友達ならだれでも、どんなにわたしが苦労して家族全員の世話をしたことを知っています。」

「ビルマであのとき、せめて金を持って帰ろう、金持ちになったら母に楽をさせてあげられるからと思って、必死で金を稼いだけれど、結局、わたしは一生涯働き続けた。

男たちはなぜかはわからないけれども、わたしを好きになったですよ。あんたの目は丸くて、ハトの目のようだ、とよくいわれたものです。わたしは、ほかのきれいな女たちと並んでいるときでも、名指しされることが多かった。

それに、いまはこんなになってしまったけれども、そのころのわたしの声は澄んでいてきれいで、どんなに高い声もでたし、こぶしもまわった。わたしのうたは日本の軍人たちが喜んだものです。わたしはわたしで、軍人たちの喜ぶ姿をみるのが楽しかった。」

「つらいだろうけれども生きて帰って親孝行しなさいよ、といってなぐさめてくれたのは、スーちゃん〔恋人〕だったヤマダイチロウだけではなかったですよ。日本の兵隊さんたちの中には、いい人もたくさんいたし、みんな苦労してかわいそうだった。[*21]」

〔『文玉珠――ビルマ戦線楯師団の「慰安婦」だった私』には〕文玉珠の証言がいくつかのかたまりに分かれたまま記されている。同じ時に語っているように見えるが、1992年の春から1995年の夏にかけて〔森川が〕何回も聞いて記録したものである。生涯働かないといけなかったという言葉と、男たちが自分を好んでいたという言葉が一つの文章でつながっている。実際のインタビューの音声を聞くことはできないが、森川がこのようにつなげた理由が分かるような気がする。話したくない戦時「慰安婦」の生活と生還後の朝鮮半島でのまた違う戦争、家父長制を全身で支えてきたが「慰安婦」であったことを悩み尽くした末に〔被害を〕告発したら関係が切れてしまった人たち。そして新しい人生。死を前にした文玉珠は軍「慰安婦」生活の中でも自分が光り輝いていたと考える一つの場面、自分に温かく接してくれたが死んでしまった恋人、ヤマダイチロウや多くの苦労をしたかわいそうな日本の兵士たちのことも思い出している。[*22]

文玉珠の正直な気持ちを反芻しながら、私はずっと自問自答していたが、文玉珠の証言の中にちりばめられている金福童《キム・ボクトン》の苦痛と鋭い感覚を思い出していた。裵奉奇《ペ・ポンギ》の人生も連想された。それは日本軍「慰安婦」被害者たちがひたすら生き抜いてきた人生と経験、「自身が経験してきたことを理解できなかった」ために60代になってからその答えを探そうとするハルモニたちのそれぞれの方法であった。文玉珠の証言はひどい経験と光り輝く場面、自分の家族を養う場面が一緒くたに絡み合いながら同居している。

しかし、李栄薫はこの部分も奇妙に編集し、短くしてから、まるで文玉珠が話した言葉をそのまま書き写したかのごとく引用符をつけて以下のように記した。

そのように、彼女は死ぬ日まで、決して日本のことを呪ったりしませんでした。両班の端くれ、職業的運動家たちの頭にある反日種族主義の敵対感情とは、かけ離れた精神世界でした〔日本語版292頁〕。

近現代の歴史において女性の精神と身体に加えられた多層な暴力構造の中を生き抜いてきた人生のエピソード、そして時には心の葛藤と記憶の矛盾が起こりうる文玉珠の話に、李栄薫は一つも共感できず、まったく理解できていないような、〔『反日種族主義』における彼の語りは〕まさに暴力的な心象をそのまま示すものだ。李栄薫と日本の歴史否定論者たちは、文玉珠の声を歪曲して奪い取ろうとしたが、金学順に続いて「ミートゥー（me too）」した〔声を上げた〕文玉珠の声を「ウィズユー（with you）」〔共感〕しながら聴く「私たち」こそが否定の「バックラッシュ」に立ち向かうだろう。

〈地図1〉文玉珠の移動経路[*23]

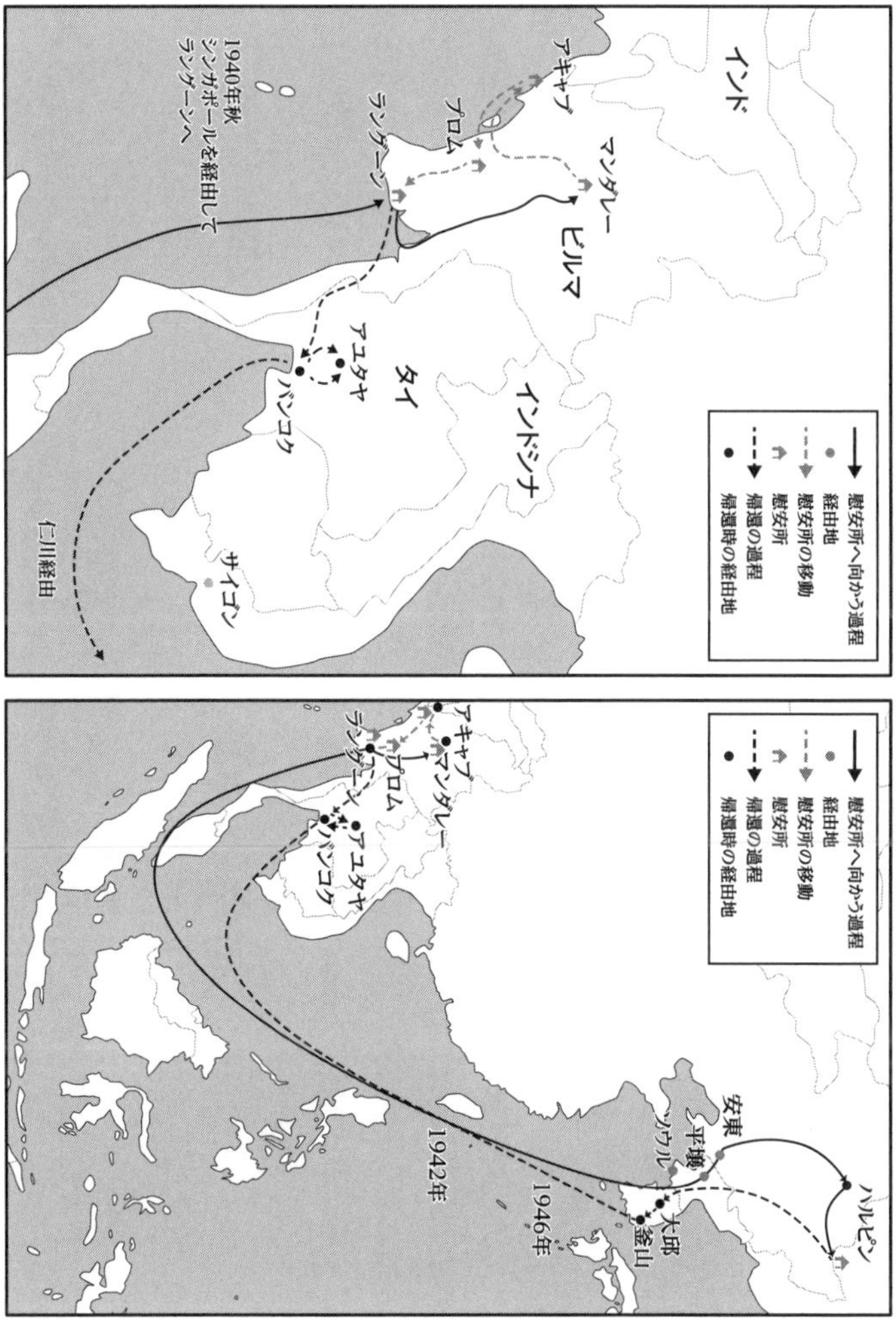

3 惜別のアリランを歌う朝鮮人「慰安婦」
――ビルマ・ミッチナーの朝鮮人「慰安婦」の話[*24]

戦争と写真兵

写真はあるがままの現実を写すのだろうか。カメラのファインダーに収められた現実は、全体の現実のうちの一部だけを見せる。つまり、写真には「死角（blind side）」が存在し、ある現実は隠される。「視角（seen side）」と「死角」は撮影者の位置によって構造的に決定される。軍の写真家はその位置が戦線により制約される。戦争の現実の記録が戦争写真の一次的な目的であるが、あるものは視覚化され、またあるものは死角化することも明らかである[*25]。

戦争写真の中心被写体は軍である。米軍の写真兵は友軍の戦闘、作戦会議、休息、食事など人物を中心にクローズアップして撮影する。被写体が事物の場合は、武器システム、基地および収容所の建物、飛行場、道路、橋といったさまざまな施設、作戦の多様な結果などを収めた。敵軍の被写体も多い。この場合、主に（「我々」ではない）「彼ら」である敵の捕虜と敵による残虐さ――捕虜虐待や虐殺など――を視覚化する。民間人の被写体も登場する。民間人は「味方」または「敵」の側から、またはその間に位置づけられるものとして収められる。敵によって拘禁され抑留されている連合軍の民間人、戦闘・占領地域の住民と難民、敵軍とともに行動する民間人などが米軍の写真兵の視線（ファインダー」に収められた。米軍写真兵の視線はこの民間人たちの位置が正確にはどちら側にいるのかわからず混乱しているケースもある。

このような中、目を引く写真が数枚あった。最前線の日本軍捕虜と一緒にいる民間人の女性たちである。この女性たちは誰だろうか。写真兵はどのようにしてこの女性たちと出会ったのか。写真兵はどのような意図と目的で彼女たちをファインダーに収めたのだろうか。写真兵は彼女たちをどのように認識し理解したのだろうか。この問いに答えるためには戦場で女性たちと出会った写真兵がどのような人物で、どのような作戦と活動をしていたのかを知らなければならない。それを知るためには、背景となっているアジア太平洋戦争での連合軍の「ビルマ作戦」も理解しなければならない。

1941年12月8日、「真珠湾攻撃」で日本とアメリカの戦争が始まったまさにその日、日本は「南方作戦」を敢行した。フィリピン、香港、マレー、オランダ領東インド（現在のインドネシア）などを次々に攻撃し、占領した。そして、もともと南方作戦に含まれていなかったビルマ（現在のミャンマー）に侵攻し、英国軍を連戦連敗させた。英国軍を支援したスティルウェル（Stilwell）将軍と蔣介石の米中連合軍も敗北した。日本軍は、「援蔣ルート」（蔣介石の国民党軍を支援する補給路）の核心であった「ビルマ公路」と「レド公路」を遮断し、中国を封鎖するためにビルマに侵攻したのである。その後、中国－ビルマ－インド全域で、連合軍と日本軍はこの公路をめぐって一進一退を繰り返した。

1944年5月からスティルウェル将軍が指揮する米中連合軍と蔣介石の雲南遠征軍（Y軍）が同時にそれぞれレド公路とビルマ公路に沿って進撃した。レド公路の要衝の地はまさにビルマ北部のカチン州の首都、ミッチナーであった。米中連合軍は、日本軍の抵抗よりも険しいジャングルや梅雨を抜けてミッチナーに到達し、血みどろの攻防戦を繰り広げた。ミッチナーを占領した連合軍は、まず最初に日本軍の捕虜を尋問した。敵の指揮官、部隊の配置と兵力、後方の状況、武器の水準、軍人の士気というような情報を得ようとした。捕虜の尋問は「ニセイ」と呼ばれる日系米軍情報兵士が行った。

〈地図2〉レド―ビルマ公路地図

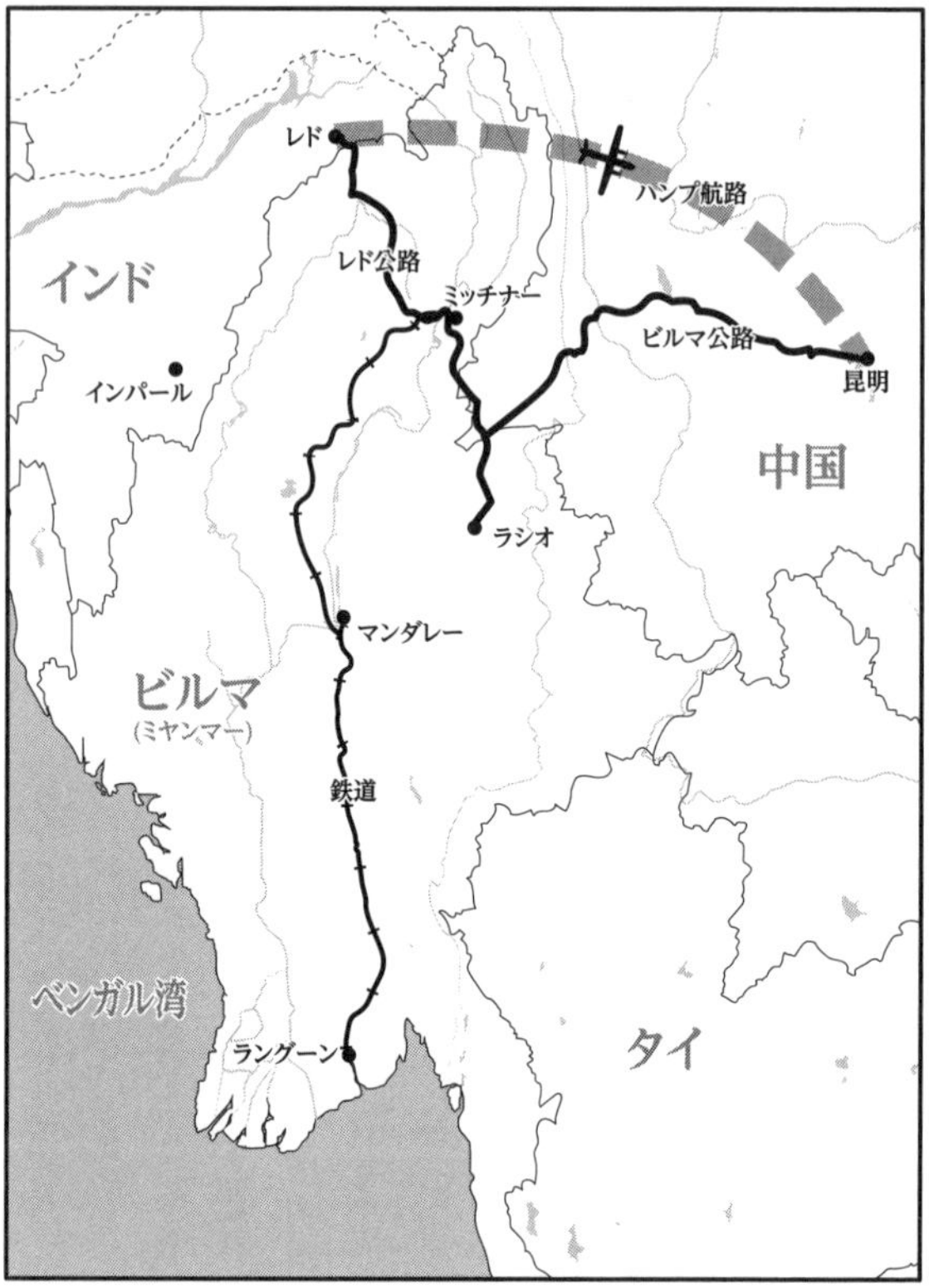

ミッチナーで撮られた写真3枚

米中連合軍には写真部隊も配属され、作戦を遂行した。164通信写真中隊A派遣隊がレド公路で写真活動を行った。この部隊にフランク・シアラー（Frank W. Shearer）がいた。彼は映像カメラマンのダニエル・ノバク（Danial Novak）らと一つのチームでミッチナー戦闘を撮影した。フランク・シアラーは、文字通り命をかけて写真作戦を遂行した。時には良い写真を撮影するために、敵軍を背にして塹壕に向かって突撃する友軍の写真を撮ったりもした。実際、彼は頭に深刻な傷を負ったりもした。

現在、「慰安婦」に関して彼が撮影した写真3枚が伝えられている。1枚は1944年8月3日、米中連合軍のミッチナー占領直後に捕虜として捕まった一人の女性――朝鮮人看護師――を撮ったものであり、他の2枚は8月10日に捕虜として捕まった20名の朝鮮人「慰安婦」と業者を撮影したもので、女性たちが捕虜として尋問を受けている場面である。

〈写真1〉の女性は金《キム》という姓を持つ朝鮮人の看護師でミヤモトキクという日本の名前を持っていた。1944年8月3日の捕虜尋問の際、米国戦時情報局レドチームのカール・ヨネダ兵長は、彼女に対し「慰安婦」かどうか尋ねた。実際にカール・ヨネダが書いた日記には、彼女は「慰安婦」だと記録されており、この尋問について知っていた捕虜の尋問責任者であるウォン・ロイ・チェン（Won-Roy Cham）大尉の回顧録にもそのように記録されている。しかしそれは誤認であった、カール・ヨネダは〔彼女を〕「慰安婦」と決めつけて簡単な尋問だけを行い、ウォン・ロイ・チェンも彼女のいで立ちをみて、「慰安婦」であったと即断したので、彼女は「価値のある情報を持っていない」だろうと判断し、「レドに行く飛行機に乗せた」[*26]。

写真が写す場所はミッチナー北部の飛行場に設置された仮設拘禁所である。写真兵フランク・シアラーはある女性が日本軍とともに捕虜となり〔拘禁所に〕入ってきたという噂を聴き、拘禁所に向かった。ウォン・ロイ・チェンも、捕虜となった金という女性に兵士たちが多大な関心と好奇心を寄せたと回顧している。興味深いことにシアラーはこの写真を説明しながら、「カール・ヨネダ兵長が金さんに日本軍『慰安婦』であるのか尋ねている」とし、「金はミッチナーで准看護師として服務していたと書いた」と記している。

実際、彼女はレドチームの追加尋問を通じ、看護師であると判明した。1944年8月8日、レドチームのメンバーの下っ端であるアクネ・ケンジロウ（Akune Kenjiro）が彼女を尋問し、9月4日に尋問結果を報告した。報

〈写真1〉飛行場にある憲兵拘禁所で，日系二世通訳兵カール・ヨネダ兵長が朝鮮人女性の金に対し日本人「慰安婦」だったのか質問している。金はビルマのミッチナーで看護師として服務した。

告内容によると、彼女は当時28歳で、日本軍の第二野戦病院所属の看護師であった。満洲生まれで平壌《ピョンヤン》の小学校を卒業し、平壌看護婦養成学校で1年間の教育を受け、1942年8月にビルマに到着した。彼女は朝鮮人看護師であることから日本人の医師からひどい差別を受けていたという事実（「犬のように扱われ、牛馬のごとく働かされた」）と、連合軍の捕虜になれば強かんされ死ぬだろうという思想を注入されたことなどについて答えた。さらに彼女は日本人だけでなく朝鮮人の親日警察に対しても敵愾心を露わにした。*27

〈写真2〉、〈写真3〉は、捕虜として捕まった20名の朝鮮人「慰安婦」と日本人「ママさん」（店主）を被写体としている。「慰安婦」捕虜への1次尋問は、

〈写真2〉ウォン・ロイ・チェン大尉，ロバート・ホンダ兵長，グラント・ヒラバヤシ兵長は，ミッチナー付近で捕らえられた3名の朝鮮人「慰安婦」たちを尋問し写真を撮った。

ウォン・ロイ・チェンが行った。〈写真3〉の左側に一列に座っている米軍はウォン・ロイ・チェン大尉、ハワード・フルモト（Howard Furumoto）兵長、グラント・ヒラバヤシ（Grant Hirabayashi）兵長、ロバート・ホンダ（Robert Honda）兵長である。この女性たちへの最初の尋問は、いつ、どこで、どのような内容で進められたのだろうか。

チェン大尉の回顧によると、この女性たちが捕虜収容所に入った直後に尋問を始めたようである。しかし、意外にもフランク・シアラーがこの写真を撮影したのは8月14日であった。〈写真2〉は3名の女性を尋問する姿を映すが、グラント・ヒラバヤシが第18師団と第56師団（ミッチナー守備隊）の指揮官級将校の写真を見せながら、情報を得るために尋問

〈写真3〉ミッチナーで戦争捕虜を担当したウォン・ロイ・チェン大尉が捕虜となった日本軍「慰安婦」たちと一緒にいる。

している。日本語ができなかったチェン大尉はこれを見ている。事実、尋問を受けている女性たちも日本語がうまくできなかった。これに対しチェンは、「寝室と台所で使う若干の日本語で、極端に制約」されており、「精神的な混乱や恐怖、教育水準が低いのが加わり」尋問は円滑に進まなかったと回顧する。「慰安婦」のうちの一人が第18師団114連隊長丸山大佐〔の顔〕を確認してくれたくらいで、価値のある情報を得ることができなかったようである。[*28]

写真の中の「慰安婦」たちの表情と視線が目を引く。2人は完全にうつむいてしまって、2〜3人がカメラを見ているだけで、ほとんどはほかのところを見ている。チェンの言葉通り、女性たちは多少ためらっただろうが、次第に安心していったのではないだろうか。

米軍と「慰安婦」たちの意思疎通のために立ち上がったのは「ママさん」(〈写真3〉の右端)であった。ママさんはグラント・ヒラバヤシ兵長を通じ、女性たちの〔その後の〕運命について尋ねた。チェンとヒラバヤシは、彼女たちはここに少しとどまった後にインドへ送られ、最後には朝鮮に帰ることになるだろうと答えてくれた。その時になってやっと女性たちは安堵の表情を見せたが、恐怖心が完全に解消されたわけではなかった。ビルマという遠い異国の地に連れてこられて2年以上慰安所で過ごしながら、残ったものと言えばママさんの帯の中に隠してある日本軍の軍票だけだった。この軍票の山も、もはや価値がない骨董品にすぎなかった。チェンはこれをかわいそうに思い、軍票の二束を他のものに代えてあげた。軍票が事実上、紙切れになってしまったことを知っているのか知らないのか、「慰安婦」たちは米軍たちに〔軍票の〕一部を巻き上げられただけで全部奪われはしなかったと思ったような目つきだった。心配と安心の間を激しく揺れ動いていたのだろうか。

ミッチナー飛行場での最後の日、チェン大尉一行は朝鮮人「慰安婦」たちを「慰安」する意味で、小さな送別会を開き歌を歌ってあげた。ギターを弾いて、米国、日本、ハワイのフォークソングを歌った。そのお礼として女性たちは「アリラン」を歌ってくれたという。次の日、「慰安婦」たちはビルマを離れインドのレドへと送られた。

フランク・シアラーが撮った3枚の写真に関した記録を調査していたら、二つの興味深い事実を発見した。一つは、当時、チェン大尉が直接、写真撮影と現像を頼んだという記録である。チェンは現像した写真を受け取り、自ら持っておき、1986年『ビルマ秘話（*Buma: The untold story*）』という回顧録を出版する時に掲載した。チェンは自身の回顧録で5ページにわたりミッチナーで出会った朝鮮人「慰安婦」たちとの間で起こった出来事について細かく紹介した。1986年という時期は金学順《キム・ハクスン》ハルモニが「カミングアウト」した1991年8月よりも前であり、日本軍「慰安婦」問題が広く知られる前であった。1986年に出版された本にミッチナーの朝鮮人「慰安婦」を収めた写真とともに、彼女たちの話が残されていたことを発見し、私は驚かずにはいられなかった。さらに、チェンは次のように叙述している。

> 朝鮮の慰安婦たちについてはどんな公的な記録もない。第二次世界大戦の間、帝国日本軍がこの不幸な若い女性たちをどれだけ多く慰安婦として強要したのか、誰も知らない。**20万人を超えていただろうと推算される。**ほとんどが朝鮮の農民たち（自作農と小作農）の娘たち——一部は都市の貧民街から来たり、また別の一部は以前から世界最古の職業に従事していたとしても——こ

の1935年から1945年の間に憲兵隊によって集められ、中国、ビルマ、グァム、マレー、フィリピン、オランダ領東インド、実際は日本軍が配置されていた広大な太平洋の戦域のいたるところへ送られた。数千名が太平洋、東南アジア、その他のさまざまな場所の血みどろの戦闘によって虐殺された。日本の降伏によって多くの慰安婦たちが連合軍によって送還され、最後には韓国に戻ってきた。日本人たちは帝国軍の歴史でこの部分に関するすべての記憶を破棄した。ただ、数枚の写真が今日残っているだけである。（中略）誰も彼らが戦争で生き残ったことを知るすべがない。ほとんどの慰安婦たちは今日、60代はじめから半ばになっているだろう。1950年と1953年の間の駐韓国連軍の報告によると慰安婦の一部は韓国に帰った後にもそのような職業に従事し続けた。また一部は沖縄でそのようにしていた。しかしほとんどの慰安婦たちが強要された出来事による汚名と恥ずかしさは、研究を妨げ、公的記録の不在によって、いまだに生きている人々の運命について推察することしかできない。

〔私が発見した事実の〕もう一つは、シアラーが写真の中の女性たちを明らかに「comfort girl（慰安婦）」という用語で認識していたという点である。シアラーが日本軍「慰安婦」について、特に「Comfort Girl」という用語をはじめから知っていた可能性はきわめて少ない。カール・ヨネダとチェン大尉の一行の尋問を通じて理解したのだろう。特にヨネダが所属していた戦時情報局レドチームの尋問報告書には1944年初頭から「慰安婦（comfort girl）」制度と慰安所（comfort station）の情報を本格的に扱っていた。1943年には「慰安婦」を「prostitutes」と、慰安所を「brothel」という用語で捉えていたことと比較できる。

二つの尋問報告から彼女たちの話を読む

この「慰安婦」たちをレド収容所で本格的に尋問し、報告書を作成したレドチームの情報兵士がアレックス・ヨリチである。彼は「2週間の間、彼女たちを一人ずつ詳細に調査し、膨大な報告書を作成して本部に提出した」という。「ここには『極秘』というスタンプが押されていた」[*29]。その報告書がまさに「尋問報告49号」である。そして英国の東南アジア翻訳尋問センターが作成した「尋問会報2号」がある。

二つの報告書を総合すると、女性たちは日本軍の要請を受けた業者たちの求人詐欺または強迫によって、慰安所に行くという事実を知らないままビルマに連れてこられた。1942年5月、朝鮮軍司令部の要請によって朝鮮人「慰安婦」の募集が始まった。女性たちは劣悪な家庭環境と低い教育水準のせいで、東アジアで働けばお金を稼げるという甘言に騙されて、文字通り誘拐された。女性たちが慰安所から簡単に逃げ出せないように家族に前借金が支給され、これによっていわゆる「債務奴隷」の状態となった。この女性たちは1942年7月10日に釜山港で、合わせて703名の朝鮮人女性とともに船に乗り出発した。この船の乗車券も朝鮮軍司令部が提供したものであった。船は台北とシンガポールを経て、最終的には8月20日にビルマのラングーンに到着した。

ラングーンに到着した朝鮮人女性たちは20名余りの規模の集団に分けられ、ばらばらになった。20

名の朝鮮人女性たちは、ここで軍「慰安婦」となり、日本軍第18師団114歩兵連隊（丸山部隊）に配属された。女性たちが部隊によってはタウングー、メイッティーラ、メイミョーを越えて最終的に向かった先はビルマの北部のミッチナーであった。1943年1月のことである。女性たちがいた慰安所はキョウエイだったが、ここのもともとの名前は丸山クラブであった。しかし1943年に114連隊の連隊長として丸山大佐が赴任すると名前を変えた。

キョウエイ慰安所は、もとはバプティストのミッションスクールの建物だった。ここでそれぞれ一人部屋をもらった。最初にミッチナーに到着した1943年の初めは、経済事情は悪くなかった。しかし1943年度末から物資が不足し、物価が急激に上がり、生活が困窮していった。日本軍が規則的な配給をしなかったので、食事は慰安所の店主夫婦が提供していたが、「慰安婦」たちに衣料や生活必需品などを高い価格で売ることで追加の利益を得ていた。「慰安婦」たちが故郷に帰るためには前借金と利子を含めたすべての借金を返さなければならなかったが、これは非常に難しいことであった。軍司令部が「慰安婦」の帰還を許した時もミッチナーから実際に帰った人は誰もいなかった。

女性たちは慰安所で日本軍の徹底的な統制と管理を受けた。114連隊の連隊本部に来たナガスエ大尉が責任連絡将校として慰安所を管理した。慰安所に出入りする者たちの身元を確認するための兵士も派遣されており、憲兵が慰安所の周囲を警備した。日本軍は慰安所の利用日程表を作り、慰安所の利用料金を丸山大佐が下げさせたりもした。連合軍の攻撃を受け、ミッチナーが陥落の危機に陥った時でさえ、「慰安婦」たちは日本軍と行動をともにするように強要された。爆撃が始まると女性たちは塹壕に入ったが、そのような状況でも何人かは「仕事」をしなければならなかった。ミッチナーが陥落する直前の1944年7月31日の夜、ミッチナーのすべての「慰安婦」と業者は小さな船でイラワジ川を越えた。日本軍について行っていた彼らは、部下を捨てて逃げ出す丸山大佐を目撃した。数日後、ワインマウ付近のジャングルで連合軍と日本軍の交戦が起こり、キョウエイ慰安所とモモヤ慰安所(中国人21名)の一群は日本軍から離れた。キンスイの「慰安婦」20名は日本軍とともに撤退した。中国人「慰安婦」たちは中国軍に投降し、キョウエイ慰安所の「慰安婦」たちは捨てられた民家に退避しとどまった後、8月10日、英国軍の将校が連れてきたカチン族の兵士に捕まり捕虜となった。そのようにして捕らえられたところがミッチナー飛行場の捕虜収容所であった。

捕虜となった「慰安婦」たちは、インドのアッサム州にあるレドに送られた。レドには中国の蔣介石に物資を送るための米軍の補給基地があった。戦時情報局レドチームが捕虜収容所にいる数百名の日本軍の捕虜たちを尋問する場所でもあった。朝鮮人「慰安婦」の女性たちは業者とともに3個のテントに収容された。そこでアレックス・ヨリチによって22日間に及ぶ詳細な尋問を受け、「尋問報告書49号」が作成された。その後、「慰安婦」たちはインドのニューデリーに移された。そこには英国軍と米軍が捕虜の尋問をしていた合同尋問センターがあった。そこで「尋問会報2号」が作成された。

彼女たちは帰ってきただろうか

朝鮮人「慰安婦」たちの行く先はニューデリーで終わりではない。彼女たちが帰還する過程を知らせる資料が2017年から2018年にかけて発掘された。朝鮮人「慰安婦」が送られた場所はニューデリーの南西側に位置するデオリ（Deoli）収容所であった。ここには日本人の民間人と看護師の捕虜が収容されていたが、国際赤十字社が１９４５年2月に調査報告した内容によると、ミッチナーで捕虜として捕えられた朝鮮人「慰安婦」もここで拘禁されていた。彼女たちの店主であったキタムラ夫婦は、主に日本軍の捕虜が収容されていたビーカーネール（Bikaner）収容所に分けて拘禁された。

１９４５年8月に戦争が終わったが、「慰安婦」たちの戦争は終わらなかった。彼女たちのほとんどは年をまたぎ、日本軍の捕虜と一緒に連合軍の捕虜収容所に拘禁されていた。彼女たちは自分で帰るにはあまりにも遠い場所に来ていた。１９４６年5月17日、インドの西海岸の港町であるカラチから中国とインドを往復する連絡船、マロージャ（Maloja）号が出港した。乗船記録によると、この船に朝鮮人「慰安婦」たちと子どもの24名が乗っていた。[*30] 全員が韓国に帰ったのか、途中で他の場所で降りたのか、私たちは知りえない。２０１８年、ＫＢＳの「時事企画・窓」という番組の制作チームと国史編纂委員会の研究チームが、地球を半周した朝鮮人「慰安婦」の名簿14番目「スンイ」の帰還の足取りを調査し、いくつかの手がかりとなる〔小さな情報の〕欠片を見つけ出した。

彼女たちは私たちの前に立つことはできなかった。そして証言できなかった。しかし、連合軍が残した写真や関連報告書、チャン大尉の回顧録を通じ、彼女たちの話が私たちに伝えられた。彼女たちは、どこで誰とともにどのような人生を送ったのだろうか。

〈地図3〉ビルマのミッチナーの朝鮮人「慰安婦」の移動経路

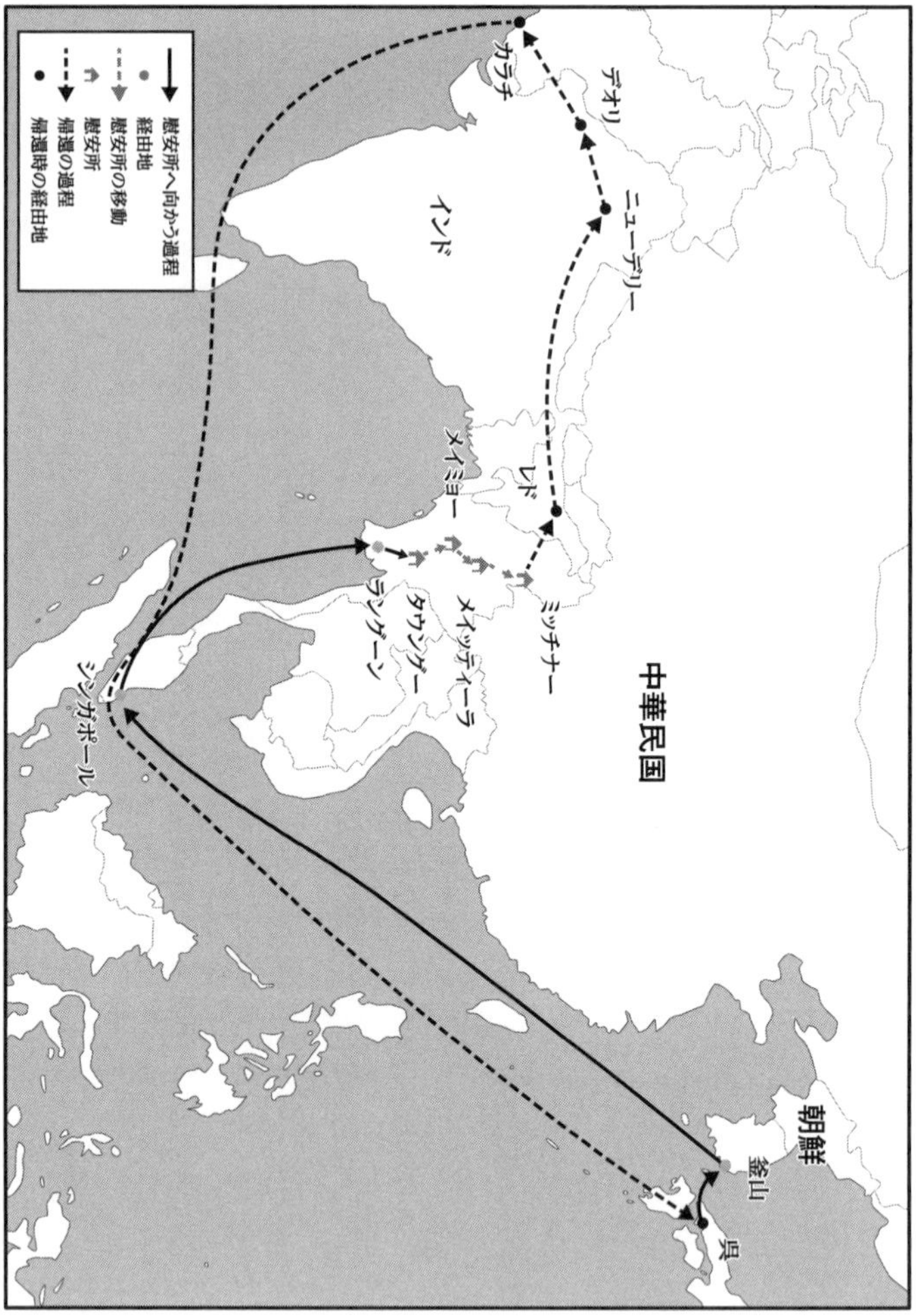

4 戦利品として残された臨月の「慰安婦」
——中国・雲南省松山と騰衝の朝鮮人「慰安婦」の話＊31

米軍の写真兵が撮ったスチール写真の視角と死角

臨月の女性が斜面に寄りかかり、力なく目を閉じている。すぐ横の女性はカメラで撮影されていることはまったく気にもとめていないようにぼさぼさ頭で他のところを見ている。男性の横にいる長い髪の女性は、左手に血がにじむ包帯を巻いている。彼女もカメラの視線を無視している。顔に火傷を負った真ん中の女性だけがカメラを正面に見据えている。みんな苦しそうで、魂が抜けたような表情である。女性たちはみんな裸足であり、緊迫感さえも感じられる。一方で、左側の端にいる男性はカメラの視線を意識し、笑いながら余裕のポーズをとっている。そうなのだ。この写真はこの男性のための記念写真なのである。では、この女性たちは誰で、男性はどのような人物なのか。誰がどのような目的で撮影したのだろうか。

女性たちは朝鮮人「慰安婦」である。そのうち臨月の女性は朴永心《パク・ヨンシム》だ。2000年に東京で開かれた日本軍性奴隷制を裁く女性国際戦犯法廷の際に「慰安婦」被害者として朴永心〔本人〕が写真に写っている女性は自分であると証言した。写真が撮られた当時、彼女は出血しており、〔お腹の子は〕死産だった。

朴永心は1939年、平壌《ピョンヤン》近くの南浦《ナンポ》から、中国の南京に連れていかれ「慰安婦」生活を強要された。1942年に上海を経て船に乗り、ビルマ（現在のミャンマー）のラングーンに強制動員され、以後、ラシオへと移動した。南方（東南アジア）日本軍司令部が「慰安婦」動員を要請し、中国および朝鮮の日本軍司令部によって実行されたものである。1943年の夏には再びビルマと中国の国境地域である松山《ソンサン》へと移動した。

地獄のようなキンスイ楼慰安所（南京の慰安所）で、約3年間過ごした後、日本軍の兵士2人に護送され、上海を経て、ミャンマーのラングーン付近のラシオの慰安所で恥辱に満ちた2年間の時間を過ごした後、再びミャンマー―中国の国境地帯である「松山」に連れていかれたが、そこは最前線の地帯だった。毎日多くの爆弾と砲弾が飛んできて爆発した。[*32]

松山は日本軍と連合軍が激しい戦闘を繰り広げた要塞の地であった。「ビルマ公路のジブラルタル」という別名がついたほどであった。米国などの連合軍が重慶にいる蔣介石を支援しようとするならば、松山を通過し、サルウィン川（怒江）を越えなければならなかったためだ。そこに日本軍の守備隊が配置されていたので、朴永心をはじめとする朝鮮人「慰安婦」24名も連れていかれた。米中連合軍（Y軍）がビルマ公路を奪還するために松山などの日本軍の守備隊の拠点を攻撃することは十分に予想された。

中国とビルマの国境地域の作戦を管轄していた日本軍第33軍は事前に暗号を解読し、米中連合軍の大々的な攻撃を予想していたが、日本軍の守備隊には最後まで戦うようにという指示が出されていた。その結果、「玉砕」という美名でみなが強制的な集団死へと追いやられた。日本軍は守備隊に配属された「慰安婦」たちにも、一緒に行き、一緒に死ぬことを強要した。女性たちはただ生きている「特殊補給品」にすぎなかったのである。約50日間の接戦の末、日本軍は全滅を目前としており、軍旗が焼かれ、「慰安婦」たちは日本軍によって虐殺される運命であった。

写真の中の朴永心一行が塹壕から脱出した時、そのような緊迫した状況だったのだろうか。辛うじて脱出した彼女たちは、近くの水無川のほとりに行きついた。畑に育っていたとうもろこ

〈写真4〉ビルマのレドにある松山の山の中の村で中国軍第8軍兵士が捕虜として捕まえた「慰安婦」たちと撮った写真。

しで飢えていた腹を満たし、少し息をついたが、すぐに李正早《リー・ジョンザオ》という中国人の農夫に発見された。そのようにして彼女たちは中国軍第8軍の捕虜となったのである。

〈写真4〉は米中連合軍の捕虜となった「慰安婦」たちの瞬間を収めている。笑いながらポーズをとっている中国軍の兵士は捕虜として捕まえた女性たちをどのように認識したのだろうか。敵（日本軍）と一緒にいた民間人の女性であり、捕獲した戦利品だと思っていただろう。裸足の女性たちの苦痛に満ちた表情と中国軍の兵士の笑みが対照的に視覚化された写真の構造を見れば見るほど、そのように感じられる。

写真を撮影したのは、米陸軍164通信写真中隊B派遣隊所属のチャールズ・ハットフィールド（Charles H. Hatfield）二等兵である。彼の視線も同様であった。ハットフィールドはこの女性たちが朝鮮人「慰安婦」であることをまったく認識できなかった。ただ、敵を絶滅させた戦場で敵軍と一緒にいて生存した日本人の女性であると誤認した。ハットフィールドが当時、松山で撮影した写真10枚余りのうち、「慰安婦」を被写体としている

〈写真5〉9月7日，生存した「慰安婦」が米軍に傷の治療を受けている。

写真は4枚であるが、彼は写真説明に女性すべてに「日本の女性（Jap girl）」と記録した。

松山の塹壕を完全に掌握した1944年9月7日、ハットフィールドが撮影した〈写真5〉を見ると、このような認識が込められた構図がもっと明らかになる。写真の中の女性は全滅目前の地獄から生き残った。ハットフィールドは米軍の技術兵が女性を治療する姿を写した。彼は米軍が人道主義を発揮し、捕虜として捕まえた日本の民間人女性を助ける姿を収めようとしたのだろう。興味深いのは、そのすぐ後ろで奪った日章旗を掲げている中国軍の兵士たちの姿である。日章旗は日本刀とともに連合軍の記念写真によく登場する戦利品である。繰り返すとこの写真は、民間人女性を救援する人道主義的な視線と、敵の女を戦利品として扱う男性的な視線が混在しているのである。

〈写真6〉中国軍第8軍司令部参謀シンカイ大尉と米軍連絡チームのビスラー兵長が日本軍と一緒に捕虜として捕まった朝鮮人女性を尋問している。

松山でハットフィールドと一緒に写真を撮っていたジョージ・クスリク（George L. Kocourek）が写した〈写真6〉から変化が感知できる。クスリクは松山陥落の翌日である9月8日に尋問の場面を撮ったので、この女性たちが朝鮮人であるという事実を知った。たぶん「慰安婦」であることも知っただろう。写真で最も顕著な変化は、尋問する中国軍将校と後ろでその光景を見守っている米軍の連絡兵の存在である。これはそれ自体として米中連合軍を再現している。米軍はビルマ公路を奪還する「サルウィン作戦」に戦闘部隊は送らないで、情報・作戦のレベルで中国軍を指揮したが、この写真はその状況を直接的に視覚化している。正面に見える2人の女性の視線が行き違っていることも意味深長である。頭に包帯を巻いている女性は中国軍の将校をちらりと見ており、その左側の女性の視線は右にくっついて座り尋問を受けている2人の女性たちのほうを向いている。

スチール写真は現実の一つの断面を視覚化する。写真何枚かでさまざまな情報を読み解くことができるのは、私がこの写真に関した多様な情報を把握しているためである。この写真が撮影された時、どのような軍事作戦が進められていたのかを知らせてくれる米軍の公文書資料と当時の尋問調書が発掘され、何よりも当事者である朴永心の証言がある。しかし、スチール写真は現実の一部を死角化することもある。

映像はため息を示した

2017年7月5日、私と研究チームが公開した松山の朝鮮人「慰安婦」の映像が、スチール写真ではあまり明らかではなかった話を浮かび上がらせた。映像はハットフィールドとクスリクの同僚であるエドワード・フェイ（Edward C. Fay）兵長が9月8日以降に撮ったものだと思われる。

映像は7名の女性が裸足で民家の塀に沿って立っている姿から始まる。中国軍の兵士たちが女性たちを不思議そうな表情で眺めている。中国軍の将校は笑いながら一人の女性に声をかける。2人の間で対話がなされているが、他の女性たちの表情はだんだん暗くなっていく。焦ったような表情で顔を上げられないでいる女性、横の女性の腕をつかみ頼っている女性、仲間の後ろに隠れてしまった女性もいる。臨月の朴永心と、顔にやけどを負った女性は映像には登場しない。他の場所で治療を受けていたためである。

目を引く女性がいる。中国軍将校と話している3番目の女性にぶら下がるように腕を組んで服をさすっている4番目の女性。親密であるようでもあり、彼女に頼っているようでもあり、絶対に離れないという意思

〈写真7〉松山の朝鮮人「慰安婦」の映像のキャプチャー。

を示しているようにも見える。どのような事情があるのだろうか。2人の女性はどのような関係だろうか。最前線の地獄のような「慰安婦」生活を互いに頼り合い耐え抜いてきた友達だったのだろうか。「慰安婦」を扱う映画でもよく使われる「2人の少女」のモチーフのように、姉妹のような関係だったのだろうか。映像が呼び起こした感情に沿ってスチール写真をもう一度見てみた。そうして初めて、写真に死角があることに気がついた。

映像の中の4番目の女性は、〈写真4〉の朴永心の横にいた女性である。スチール写真の中の彼女はぼさぼさ頭のまま魂を失ったように他の場所を見ていた。彼女は塹壕で軍旗が焼かれ強制的な集団死が肉薄した状況から脱出できた。その過程で映像の中の3番目の女性と離れてしまったのである。〈写真5〉では幸いにも3番目の女性も軽微な傷を負っているだけで生き残ったことを教えてくれる。2人の女性が再び出会ったのである。どのような気持ちだっただろうか。その瞬間、大切さと罪悪感と喜びと申し訳なさと、恐ろしさと緊張感がいっぺんに湧き上がってきただろう。映像はそんな雰囲気を伝えてくれる。それで初めて〈写真6〉の右側に互いにくっついて座っている2人の女性の後ろ姿が私の視野に新しく刻印された。彼女たちがここにもいたのである。

朝鮮人「慰安婦」はこの後どうなっただろうか。彼女たちは昆明にある昆華中学校に設置された捕虜収容所に拘留された。騰衝《とうしょう》で生き残った朝鮮人「慰安婦」13人と一緒だった。日本軍によって連れてこられて捨てられ、生き残ったものの、連合軍の捕虜になったこの女性たちの運命は再び変化した。1945年7月、米国戦略諜報局OSS昆明支部が彼女たちに2回予備尋問を行った。日本を相手とした心理戦を準備する過程で行われたものであった。この尋問に韓国光復軍3支隊長金学奎《キム・ハクギュ》将軍の副官である金祐銓《キム・ウジョン》をはじめとした、鄭允成《チョン・ユンソン》、李平山《イ・ピョンサン》博士などが参加した。金祐銓はこの女性たちを無視しなかった。彼女たちを重慶の韓国光復軍に引き渡し、1946年2月に朝鮮へと帰還させた。

戦略情報局昆明支部はこれについての報告書と朝鮮人捕虜の名簿を残した。報告書は「23名の女性は明らかに強要と嘘の説明（求人詐欺）によって『慰安婦』になった」ことを明確に記録している。そのうち15名は朝鮮の尋問で、シンガポールにいた日本人の工場で働く女性を探しているという広告で集められ1943年7月に朝鮮を出発したという。一緒に南方に送られてきた慰安団には、彼女らのように詐欺にあった女性が少なくとも300名はいたという。[*33]

この昆明の報告書では、昆華中学校の収容所に拘禁された25名の朝鮮人捕虜の名簿が含まれている。名簿には、全羅北道《チョルラブクド》、京畿道《キョンギド》、平安南道《ピョンアンナムド》、黄海道《ファンヘド》、慶尚道《キョンサンド》などさまざまな地域から連れてこられた23名の名前がある。23名のうち10名は松山地域の慰安所にいた女性たちであり、13人は騰衝慰安所にいた女性たちである。朴永心と尹慶愛《ユン・ギョンエ》の名前も、ここには示されている。

朴永心と尹慶愛は生き残れなかった人々や、話すことができなかった人々のことを想いながら口を開いた。彼女たちの証言は、ただ自身の苦痛を訴えるだけではなく、数多くの仲間たちを戻ってこられなくし、今も戻れないようにしている世界に対する叫びなのではないだろうか。[*34]

激戦地にまで連れていかれた私たちは血みどろの塹壕のなかで偶然生き残った。一緒に連れてこられた9名のうち6名が死んで、3名が生き残った。（中略）私とサチパンで一緒に生き残った数人の仲間たちは自分の境遇を嘆き帰国をあきらめたが、私は死ぬとしても故郷の地を踏んでから死にたいと思い帰国を決心した（尹慶愛）。[*35]

激戦地に連れていかれた「慰安婦」12名のうち8名が爆撃にあたって死んだり、病気になって死んだ。（中略）私は死んでも忘れることができないところが故郷だったので、恥辱のような過去の生活に良心が痛んだが、故郷に帰ることを決心した。（中略）私の不遇な過去を考える時、私と一緒に連れていかれ、耐えられない屈辱の末に異国の地でさまよう魂となってしまった数千名の朝鮮の女性たちのことを思う（朴永心）。[*36]

写真の中の4名、映像の中の7名、さらには、昆明収容所に抑留されていた23名の朝鮮人の女性たちはみんな帰還したのであろうか。みんな故郷に戻ったのか。そうではなかった。生き残った「慰安婦」にとって「帰還」は当然のことではなかった。「身体が汚された」と考えた彼女たちは家に帰れなかったり、帰らなかった。たとえ朝鮮に戻ったとしても、故郷には帰らないまま、ほかのなじみのない場所で暮らしたりもした。朴永心のように家に帰ったとしても「慰安婦」だったことを隠し、「転々としながら暮らした」と説明するしかなかった。故郷に戻った彼女たちは韓国社会でもそのように捨てられた。そんな時間が45年間続いた。１９９１年8月に金学順《キム・ハクスン》ハルモニが証言をする前まで続いたのである。

屍となり帰ってこられなかった女性たち

朴永心と尹慶愛は日本軍の性奴隷とされた後に連合軍の捕虜となったが、死の入り口から生還することができた。松山の日本軍の塹壕には最後まで死守しろという命令によって「玉砕」の戦闘が行われ、そこには死んだ「慰安婦」たちも混ざっていた。ハットフィールド一等兵は1944年9月7日にその死を発見した。騰衝城の内外でも激烈な戦闘が行われ、最後の城内市街戦の末に、日本軍と「慰安婦」の死体があちこちに散らばっていたのである。164通信写真中隊B派遣隊のフランク・マンウォレン(Frank D. Manwarren)が騰衝でその死を捉えたのは9月15日のことであった。

この死の理由について、相反する説明がある。1944年9月7日、松山で日本軍の守備隊の兵士と「慰安婦」たちの写真を撮ったハットフィールドは、中国軍の砲撃と手榴弾の攻撃で松山の塹壕にいた日本軍と女性が殺害されたと理解した。しかし、「慰安婦」研究者である西野瑠美子は松山に女性を連れて行った日本人業者の証言をもとに、日本軍が塹壕の内部で手榴弾を投げて「玉砕」という美名で集団死を強制したと述べる。[*37] 松山では日本軍の陣地がいくつかあり、塹壕ごとの事情を見ると、二つのケースのどちらも発生しただろう。明らかなことは、たとえ「慰安婦」の死の直接的な原因が米中連合軍の攻撃によるものだったとしても、日本軍は決して責任から完全に自由ではないということである。一緒に生きて一緒に死のうと民間人の女性たちを最後まで〔最前線に〕引き留めていたからだ。

〈写真8〉は、城の外の山にあった塹壕と見られる場所に、ぎっしりと埋まっている女性たちの死体を捉えたものである。写真の説明からこの死体のほとんどが朝鮮人「慰安婦」であることを知ることができる。死体には虫がびっしりと湧いていた。鎌や手榴弾をたずさえた中国軍の死体埋葬班がこれを見守っている。

マンウォレンは、騰衝城の北東側のコーナー付近の城壁とその内側の家屋の外壁が接している地点に散らばっている日本軍人と女性の死体を〔写真に〕捉えている。死体は5～6体のようで、中央から左側にいる女性の死体は燃えて服がめくれて胸部が露出している。右側の壁に残っているいくつかの弾痕は悲劇を語っているように見える。

2枚の写真と同じか、似たような被写体を捉えた映像がある。スチール写真兵のマンウォレンの横に映像写真兵のボー

〈写真8〉中国軍埋葬班が騰越城の外で塹壕に散らばっている朝鮮人女性の死体を調べている。

ルドウィン（Baldwin）がいた。彼は〈写真9〉とほとんど同じ構図で映像を撮影した。7秒のものである。フレームの中のすべての被写体は、まるで時間が静止したかのように動かないが、消えない白いけむりだけが立ち上っている。虐殺の瞬間の残酷さと対照となる静寂である。この7秒の映像のすぐ前と後ろにそれぞれ6秒の映像があるが、それは城の外の塹壕にある被写体を見せる。くぼみに日本軍人、死んだ民間人と女性たち、子どもたちの死体が散らばっている。[*38] ボールドウィンは、服が脱げた死体の間を行きかいながら靴下を脱がす中国軍の埋葬班の姿を撮影した。ナチスの強制収容所に積み上げられているユダヤ人たちの死体を連想させるほど、一瞬、映像の中の死体は「塊」のように感じられる。ボールドウィンはこの場面を騰衝城の中の女性たちの死体の場面の前後に挟んだ。偶然だろうか。どのような意図があったのだろうか。

写真と映像の中の死の原因についても論争がある。

〈写真9〉中国軍が奇襲した時，騰越城の中にあった日本軍人と女性の死体。

〔これが〕朝鮮人女性か「慰安婦」の死体であることは間違いないが、米中連合軍の攻撃によるものであるという主張がある。連合軍に責任があるということである。しかも他の地域の事例を持ち出し、日本軍は「慰安婦」を保護したと主張したりもする。[*39] しかし日本軍が「玉砕」戦闘を展開した地域を見ると、日本軍による「慰安婦」の虐殺の事例も明らかに存在する。松山と騰衝での「慰安婦」虐殺は前述の写真と映像だけではなく、公文書の記録と被害者および目撃者証言でも裏づけられる。米中連合軍の公式情報（G－2）、作戦（G－3）日誌、国民党の機関紙『掃蕩報』『中央日報』、これに関した現地の証言者と碑石などがある。特に1944年9月15日付の作戦日誌に記録された中国軍第54軍の9月14日18時55分の報告を見ると、「13日の夜、日本軍が（騰衝）城内にいる30人の朝鮮人『慰安婦』（Korean girl）を銃殺した」となっている。

写真と映像は残酷な死を視覚化している。ハットフィールドが松山で日本軍と「慰安婦」の死を写した写真は、当時、軍当局の検閲に引っ掛かり、広報用として配布されなかった。これとは異なり、マンウォレンが撮った〈写真8〉と〈写真9〉は「機密」のスタンプが押されたが、1945年10月に米国戦争部候補局によって配布された。なぜ、このような違いが生じたのか。民間人女性である「慰安婦」の死が連合国によるものであるのか否かという点が考慮されたのだろうか。少なくとも写真兵士の認識（写真説明）から見ると〈写真8〉と〈写真9〉は日本軍の残虐行為を示すものであり、連合軍の対日戦犯裁判の世論形成に役立ったのである。

「慰安婦」虐殺を否定する者たち

日本の産経新聞社系列の『夕刊フジ』という新聞がある。そこに『『慰安婦虐殺記録』に大疑義『新発見ではない』』ジャーナリスト・石井孝明氏緊急寄稿」というコラムが2018年3月3日付で掲載された[*40]。内容は以下のようなものである。

①問題となっている、ソウル市とソウル大学校人権センターとの共同調査で見つけた騰越「慰安婦」虐殺記録に関する写真は、アジア平和国民基金が発行した『「慰安婦」問題調査報告・1999』に収められている論稿「雲南・ビルマ最前線における慰安婦たち――死者は語る」で紹介されており、新発見ではない。

②写真は中国国民党軍に同行した米軍人が撮影したもので、死体のほとんどが「慰安婦」であったのかどうか確認できない。

③日本軍側の資料には、朝鮮人「慰安婦」を殺害した記録はない。「慰安婦」18人が中国国民党軍の捕虜となったが、これは日本軍が慰安婦を組織的に殺害していない証拠となるだろう。日本軍に慰安婦を虐殺する発想と動機はなかった。

④公開された写真と映像は遺棄された死体を撮影したもので、正確な死亡原因は知ることができず、朝鮮人「慰安婦」は、戦場近くで戦闘に巻き込まれて亡くなった可能性がある。

韓国でも、邊煕宰《ビョン・ヒジェ》が大株主となっているインターネットメディア『メディアウォッチ』（代表ファン・ウィヨン）が、日本の極右ジャーナリストと韓国のニューライト「歴史専門家たち」（ファン・ウィヨンのフェイスブックの文章で書かれた表現）の言葉を借り、日本軍による朝鮮人「慰安婦」虐殺を否定する記事を書いた。*41 この記事を書いたシン・ギュヤンはファン・ウィヨンの別名である。『メディアウォッチ』は、この間、日本軍「慰安婦」問題に対し日本の極右と韓国のニューライトの歴史否定論の視角と主張を代弁する記事を数えきれないほどたくさん書いてきた。

この記事が引用している「国内外の歴史専門家たち」は落星台《ナクソンデ》経済研究所の李宇衍《イ・ウヨン》研究委員と世宗大学校の朴裕河《パク・ユハ》教授、早稲田大学の浅野豊美教授である。李宇衍が浅野豊美と朴裕河の批判を総合し、2018年2月28日に自身のフェイスブックに投稿した文章で主張した内容は以下のようである。

⑤9月13日の夜、騰越城内の日本軍の朝鮮人「慰安婦」30名の銃殺記録が「慰安婦」捕虜尋問の結果であったのか、目撃者の証言であるのか、風聞なのか知るよしもない。占領の翌日に書かれた文章であり、朝鮮人女性30名銃殺はとりあえずは「説」にすぎない。

⑥19秒の映像に出てくる犠牲者たちが、米軍の報告書で日本軍によって銃殺されたと報告された30名の朝鮮人女性の一部であるのか確認されていない。映像の中の犠牲者たちは戦闘で生じた無辜の犠牲者であるかもしれないし、軍規がなっていない中国軍による犠牲者の可能性もある。

⑦捕虜となった朝鮮人「慰安婦」23名は、米軍報告書が述べている銃殺を逃れて生き残った者たちであるという根拠がない。朝鮮人女性30名の銃殺「説」と23人の朝鮮人慰安婦捕虜という事実は互い

に関係がない。

そして浅野豊美が2018年3月1日に〔自身のフェイスブックに〕投稿した文章を根拠とし、同じ日に李宇衍が自身のフェイスブックに投稿した内容は次のようである。

⑧ソウル大学校人権センターチームが2016年に収集した虐殺写真と2018年に発掘した虐殺映像の対象が同じものであることは認める。しかし2016年の写真は20年前にアジア女性基金の報告書ですでに紹介されており、浅野豊美教授が1999年と2008年に発表した論文でもすでに紹介されている。映像も対象が写真と同じだとしたら特に価値はない。

⑨浅野教授の言葉によれば、朝鮮人「慰安婦」30名の銃殺はビルマ人の証言である。繰り返すと、米軍の体系的調査の結果ではない。

⑩浅野教授は、玉砕が城壁の中の北西側の片隅で行われ、米中連合軍によって陥落される前日の夜に日本軍が「慰安婦」たちを死体が発見された城の外に連れて行き虐殺する理由がなかったという点、台湾人と朝鮮人および日本人慰安婦が生存し中国軍の捕虜となり写真にまで写っているという点をあげて、虐殺とは考えられないと述べた。

李宇衍は、このような問題があるのにもかかわらず、朝鮮人「慰安婦」虐殺という「ひどい主張を敢行するその傲慢さ」、「研究者として怠惰であり、常識的な思考能力さえもない」とソウル大学校研究チームを、そして私を非難している。さらに同日、朴裕河教授も「資料の信憑性の問題を指摘する以前に、ソウル大学校人権センター研究チームが、すでに事実上同じ素材を扱ったことがある日本の浅野豊美教授の先行研究に言及していないことは遺憾」であると表明し、「研究の出典と系譜を重要視しなければならない研究倫理上、問題となるのではないか」と述べたという。*42

「否定」を否定する

私はニューライトメディアで「フェイクニュース」の温床である『メディアウォッチ』を普段は見ないので、このような内容の記事が出されていることを1年以上知らなかった。２０１９年に日本の右派と韓国のニューライトが、なぜどのようにして、同じような主張をしているのかを研究していた時に『メディアウォッチ』の記事に触れた。日本軍「慰安婦」問題に対し日本の右派の視角と主張をそのまま踏襲する、またはただ翻訳しているだけの記事の中に、李宇衍たちの主張を見つけた。さまざまな点で程度が低い主張であり、李宇衍は私の応答を望んでもいないだろうが、本書の目的は、そのような主張の内容と方法論を批判的に検討し、その代案として資料と証言を歪曲しないでどのような文脈を見るべきなのかを説明することなので、少し細かく答えようと思う。

総合的な感想を先に述べると、日韓の歴史否定論者たちが私と研究チームに向かってこのように多くの矢を放っているが、たったの一つも的に命中していないので、本当に気の毒に思う。大きく二つに分けて答えよう。

第一に、新しい発見ではないという主張についてである。石井孝明と李宇衍は、マンウォレンが撮影した虐殺写真が私たちの研究チームの新しい発見ではないと述べる。その通りだ。研究チームがこの写真を調査収集したのは2016年だと述べただけで、マンウォレンの写真を新しく発掘したと述べてはいない。これは当時、ソウル市が出したプレスリリースでも確認できる。

2018年2月27日に開催された国際カンファレンス「日本軍『慰安婦』資料の現在と未来」で私は事前発表と本発表を一つずつ行った。[*43] 事前発表は「銃殺されて捨てられた朝鮮人『慰安婦』」というタイトルのパワーポイントのスライド24枚分の発表であった。この発表で新しく発掘した資料として紹介したのは、騰越城の中と外の虐殺に関する19秒の映像である。この映像は164通信写真中隊B派遣隊映像資料兵のボールドウィンが1944年9月15日に撮影した〈騰越の戦闘〉(35ミリフィルム)のソース映像に含まれており、虐殺に関連した場面19秒だけを紹介した。この映像と同じ被写体を捉えたものが、マンウォレンが写した騰越城の中の虐殺写真である。

私は国際カンファレンスでこの写真を紹介した時「すでに調査されていた写真」であると表現した。これは当日の二つの発表のスクリプト(発表用・通訳用)でも確認できる。この写真の所蔵場所は米国立文書記録管理庁で、研究チームは2016年にこの写真を高性能のスキャン方式で収集した。そしてこの写真が最初に発掘された経緯と、その流通と活用についての履歴を追跡した。その結果、この写真が紹介されて活用されたのは、浅野豊美教授の文章が発表された1999年よりももっと前にさかのぼることを確認できた。

韓国〔の状況〕だけを見たとしても1997年にすでに注目されていた。8月15日に放送されたMBCの「9時のニュース」では、騰越での朝鮮人「慰安婦」の虐殺の証拠となる写真と文書の内容を紹介していた。〔それは〕米国立文書記録管理庁に通い詰めて研究活動を行ってきた方善柱《パン・ソンジュ》博士が李ジェフン記者に送った米中連合軍（Y軍）の1944年9月15日の作戦日誌の1頁（3頁目）とマンウォレンが撮った虐殺写真2枚であった。また同じ年に方善柱の「日本軍『慰安婦』の帰還――中間報告」という文章が『日本軍「慰安婦」問題の真相』（歴史批評社、1997年）に収録されている。[*44] 方善柱は「慰安婦」と労務者強制動員について1970年代末から資料調査をしてきて、その中間報告として資料を集めて1992年に、国史編纂委員会が編集した『国史館論叢』に「米国資料に現れる韓人『従軍慰安婦』の考察」という論文を発表したこともある。[*45] 1991年8月14日に金学順ハルモニがカミングアウトして1年も経たない時点で、「慰安婦」関連米国資料は相当な規模で集められ論文として発表されていたという事実は非常に驚くべきことである。つまり、厳密に言うと1999年に浅野教授がすでに発表していたため新しい発見ではないという主張も間違っているわけである。

さらに、李宇衍は写真と映像が同じ対象を撮ったものなので特に価値がないと述べた。資料を扱う研究者が述べる言葉とは思えない。スチール写真（still picture）はある一面をインパクトをもって捉えるが、映像（motion picture）は場面の流れと空気（雰囲気）をつかみ出す。そのため映像は視覚化されたある一面の死角として生じる誤認を正してくれたりもする。

李宇衍は浅野教授の1999年の論文を読んでいないのだろう。読んだのであれば、浅野教授の論文は日本軍の戦争史と文書、回顧などを活用し、写真の中の場面を紹介しているだけであることに気がつくだろう。浅野教授がこの写真を初めて世界に紹介したのではないとすれば、結局、写真についての浅野教授独自の観点と解釈（または話）が新しいものなのかを評価することになるが、私は浅野の文章は〔1999年に浅野が論文を発表した〕時点では意味があったと思う。

同時に、この基準は私と研究チームの成果にも適用されなければならない。私は2017年11月3日、日本軍「慰安婦」研究会が主催した学術会議「日本軍『慰安婦』――ポストコロニアルな記憶と文化的再現」で「米軍写真兵が見る日本軍『慰安婦』の視角と死角――レド－ビルマ公路のミッチナー、松山、騰越の朝鮮人『慰安婦』の写真を中心に」という発表をした。タイトルに示したように、写真と映像を撮った写真兵とその所属部隊の組織と活動に関心を持ち、資料を収集・分析し、その結果と写真の解釈をクロスして考察した。それだけではなく、写真の被写体である捕虜となった「慰安婦」の証言についての既存研究の成果を反映させた。当然、方善柱（1991年、1996年）、浅野豊美（1999年）などの研究も批判的に参照し、引用を明らかにした。この発表を英語論文として発展させたものが、2018年2月23日にシカゴ大学東アジアセンターの招待を受けて講演するために作成した文章（"U.S. Army Photography and the 'Seen Side' and 'Blind Side' of the Japanese Military 'Comfort Girls' in Myitkyina, Sungshan, and Tengchung"）である。[*46] この時は、松山で捕虜となった朝鮮人「慰安婦」の映像と、騰越での「慰安婦」虐殺映像を追加して議論を展開した。

そして4日後である2月27日に、〔前述した国際カンファレンスにおいて〕約10分にわたる事前発表として研究チームが新しく発掘し分析した虐殺映像の実物を紹介した。この映像を撮影した写真兵の視線、視角と死角、写真部隊の活動という〔資料が〕作られた文脈に立脚した内容を紹介したので、虐殺に関したY軍作戦日誌はもちろん、情報日誌、定期報告など米中連合軍（Y軍）が作成した公文書をすべて分析し、中国国民党軍が作成した資料と党の機関紙『掃蕩報』『中央日報』を分析した結果も含めて発表を行った。李宇衍はこのような分厚い作業の総合結果を発表した文章や学術論文にあたりもしないで、ただメディアで紹介された貧弱でさらには誤報も混ざっているストレートニュース記事だけを読んだ。そのような状態で私や研究チームを怠惰であると主張したのである。

研究チームは国際カンファレンスの場で騰越の虐殺映像だけを発表したのではない。それは事前発表にすぎなかった。〔国際カンファレンスは〕日本軍「慰安婦」資料の現在と未来を議論する場であった。韓国の資料調査の成果を日本と中国の研究者および団体の活動家たちに紹介し、さらには日本と中国の最近の成果も共有する場所であった。この場所の趣旨をより広めるために研究チームは同じ視点で、資料集『日本軍「慰安婦」関係米国資料Ⅰ・Ⅱ・Ⅲ』3巻と、大衆向け書籍『連れていかれる、捨てられる、私たちの前に立つ――写真と資料から見る日本軍「慰安婦」被害女性のはなし1・2』2巻を発行した。これでも世間に公開できなかった資料がたくさんあるので、ソウル記録院と共同でデジタルアーカイブを構築し利用者たちのアクセスを高めようと準備した。その結果、ソウル記録院は2019年から研究チームが4年間資料収集した原資料と研究解題をオンラインサービスで提供している。もう一度、尋ねよう。誰が傲慢で、怠惰であるのか。

第二に、細かい内容に入ってみよう。

李宇衍などは騰越城での朝鮮人「慰安婦」の死体の存在自体は否定しないが、死へと追いやった主体と理由は日本軍とは関連がないと主張している。李宇衍はまず、連合軍の文書に記録された30名の「慰安婦」銃殺と映像の中の「慰安婦」の死体は同じものなのか確認できないと主張する。映像の中の虐殺の被写体と写真の中の虐殺対象が同じであることは認めている。そして浅野の主張に沿い、文書上の30名の「慰安婦」虐殺は米軍の体系的な調査結果ではないビルマ人の証言であるため信用できないと主張する。

私と研究チームは、連合軍の公文書で日本軍によって銃殺されたと記録された30名の「慰安婦」被害者たちが映像と写真の中の死体と同じであると主張したわけではない。文書や映像、写真の中で虐殺された被害者たちは、すべてがそれぞれ、騰越城での日本軍による「慰安婦」虐殺の証拠となるということを強調したのである。騰越城で朝鮮人「慰安婦」の虐殺は数日にわたって行われたものであり、城の陥落前の13日の夜の「30人銃殺」がクライマックスであった。

「ビルマ人の証言」だとして日本軍による「慰安婦」虐殺を否認することは、李宇衍が該当する文書資料を読んでおらず浅野の短い文章だけによっているために生じた誤解である。当時、騰越城は日本軍第56師団148連隊を主力とした守備隊が防御していた。米中連合軍は国民党軍第20集団軍を主力とする米空軍と情報・作戦顧問たちが参戦し、1944年5月から城を攻撃し、9月14日に城を陥落させた。これに第20集団軍配属54軍はすぐに14日の夜6時55分に本部に次のように報告した。日本軍の捕虜であったビルマ人小銃隊は、9月12日から15日に英国軍人2名が日本軍によって殺害されたと述べた。グリーンウェイ（Greenway）大佐がこの事実を確認するためビルマ人兵士の案内で現場に向かい、そこで両手を縛りつけられ斬首された英国軍人の死体を発見した。作戦日誌でのこの報告内容と、行を変えて報告された「13日の夜に日本軍が都市の中で30名の朝鮮人女性を銃殺した」という情報はまた別の情報〔内容の〕報告である。[*47] つまり、「ビルマ人の証言」ではなくグリーンウェイ大佐の報告として理解しなければならない。9月15日の作戦日誌を最初に発掘し解題を書いた方善柱博士も、この報告がグリーンウェイ大佐によるものであると考えている。[*48]

9月15日の作戦日誌だけではなく、さまざまな日付の作戦日誌、定期日誌、米軍の映像と写真、国民党の機関紙の記事、現地住民たちの証言と碑石などの多くの証拠が、騰越城での日本軍による朝鮮人「慰安婦」の虐殺を示している。それにもかかわらず、日韓の歴史否定論者たちは日本軍側の資料に虐殺の事実が記録されていないという事実と、一部だけ選び出した資料を根拠として虐殺の発想や動機がなかったと主張し、「慰安婦」の死体を戦闘に巻き込まれてやむなく死んだものとして歪曲したり、虐殺を多様にある「説」の一つであると貶める。ナチスによるホロコースト否定や日本軍による南京大虐殺〔強かん〕を否定する際に使われる典型的な「否定の実証主義」の方法と論理を踏襲していると言える。

フェイスブックやユーチューブなどのソーシャルメディアの文章や映像、『夕刊フジ』と『メディアウォッチ』のような媒体で記事が続けて出されるとすぐに、杉田水脈《みお》議員が国会で政府に対する質疑で「慰安婦」虐殺否定問題を提起した。杉田水脈議員は政府の積極的な対応を要求し、特にNHKニュースなどで虐殺の映像は捏造であるという主張を世界に向けて英語で発信すべきではないかと注文した。これに対し政府は「客観的事実に基づく正しい歴史認識の形成に向けた国際広報の強化は、国を挙げて取り組むべき重要な課題」であるとして「内閣府の広報予算は大幅に拡大をし」「さまざまな手段で日本政府の立場やこれまでの取組等について発信をして」おり、「外務省等関係省庁と緊密に連携しつつ、最も効果的な方法で戦略的な広報を行って」いきたいと答えた。「客観」「正しい」という用語を使っているが、実情は日本政府の予算で外務省など関係部署が日本軍「慰安婦」問題などに対し歴史否定論の主張を世界に向けて発信していると述べているのである。歴史の時計を戻そうとする反動、このバックラッシュに対し、私たちはどのように対応しなければならないのだろうか。

5　日本軍「慰安婦」、米軍・国連軍「慰安婦」、韓国軍「慰安婦」
――李栄薫の「我々の中の慰安婦」論に答える[*49]

戦争が終わっても戦争のように生きなければならなかった

２０１９年２月25日から３月20日までソウルの都市建設センターで「記録・記憶――日本軍『慰安婦』のはなし、すべて聴けなかった言葉たち」というテーマで展示会が行われた。２０１４年の夏に私と研究チームが少しずつ始めていた作業が大きな成果を出し華々しく幕を閉じたのである。公文書・写真・映像など、新しい資料の発掘と収集、研究者による学術資料集と一般の市民向けの書籍の出版、そして展示会とデジタルアーカイブ構築の準備でピリオドを打つことになった。

非常に困難ではあったが、苦労して「慰安婦」問題に向き合い、応答するのに、非常に長い時間と、持てる限りの熱意と情熱をついやした。被害女性たちが残した証言とクロスさせ、戦争に性的に動員された女性たちのさまざまな話を汲み上げようとした。これらの話は決して「強制連行」の証拠や民族の被害の女性的な再現〔表象〕に還元されるものではない。

展示会が開かれている間、私は特別ドーセント（専門解説員）として観覧者に対し展示の説明を何度もしながら、沖縄に連れていかれて捨てられた裵奉奇《ペ・ポンギ》の人生とエピソードを何度も噛みしめた。「生き残ったから生きようと思った」「日常が戦争だったから戦争もまた人生だった」「ひどい貧しさにあえいでいた日常がすでに戦争のようだった」[*50]という言葉は、戦争の日常と日常の戦争に動員され生きなければならなかった女性をどのように記録し記憶することができるのか、という多くの問いを抱かせた。

よく知られているように、裵奉奇は韓国に帰ってこなかった。それは裵奉奇の選択であったが、貧しさと「貞操」などの理由で帰ることができないという、階級的・家父長制的な構造による拘束が内面化された結果として示された選択であった。実際には強制的に〔沖縄に〕残らされたものであると捉えなければならない。裵奉奇は民間人を抑留していた収容所から出て、絶望的な心境で沖縄のあらゆる場所を渡り歩いた。あちこちを転々としながら、飲み屋で接待し、家事手伝いの仕事をするなど、彼女の人生は戦争から抜け出すことができなかった。神経衰弱とうつ病に生涯悩まされながらトラウマに満ちた人生から抜け出せなかった。「戦の時、弾一発で死んでたらこんな苦労しなかったがね」と吐露する言葉には、戦争が終わっても戦争のような人生の苦痛と辛さが示されている。[*51]「戦争は女の顔をしていない」という言葉が持つ多様な意味は、このようなことを述べているのではないだろうか。

韓国に「帰還」した「慰安婦」たちはどのような人生を過ごしたのだろうか。故郷に、家に帰り、もう戦争のない日常で幸福に暮らしただろうか。沖縄に残留した裵奉奇の人生とはまったく違っただろうか。米国とソ連の38度線の分断占領と軍政、政府樹立前後の内戦、朝鮮戦争へと続く戦争と日常の中で、「帰還」した女性たちは、日本軍「慰安婦」として経験したことを家族や親戚、共同体に黙っていなければならなかった。「貞操」を守れなかった罪と羞恥心を内面化し、自分を否定したりもした。裵奉奇のように戦争から抜け出せなかった人もいるだろう。沖縄の軍事基地は朝鮮戦争につながっている。沖縄に残留した裵奉奇と韓国に帰還した「慰安婦」の戦争の日常もまた、つながっていた。戦争を起こした国家が女性たちに要求する役割は、日帝であれ韓国であれ同じように慰安・慰撫・慰労であった。各種の娯楽と遊興はもちろん性（セクシュアリティ）の提供を含んでいた。女性史の視角と方法で朝鮮戦争を研究した李林夏《イ・イマ》によると、朝鮮戦争は男性国民を「兵士型の主体」として、女性国民を「慰安型の主体」としてジェンダー化した。慰安・慰撫・慰問は慰安する主体の階級によって、民間外交の活動であると装われた娯楽や遊興と性の提供、または国連軍慰安所で恵み深い米軍の労苦に感謝し報いる遊興と性の提供という違いがあっただけである[*52]。

業者となった国家

朝鮮戦争の時、金活蘭《キム・ファンラン》、毛允淑《モ・ユンスク》、任永信《イム・ヨンシン》、朴《パク》マリアのような女性指導者たちは女学生や大韓女子青年団、大韓婦人会の若い女性たちを動員し、兵士たちを慰撫・慰問したりもしたが、それよりも主に「パーティー代行業」を行い、国連軍の将校と外交官など影響力のある男性たちを慰安した。

李林夏の研究によると、金活蘭は〔政府の機関である広報処の〕処長を辞め、釜山で戦時国民外交広報同盟を組織して活動した。活動の中心は、梨花女子大学校の学生と卒業生で慰問団を組織し、ハヤリア基地など釜山の近くにある駐屯軍部隊を訪問することと、必勝閣でパーティーを開催することであった。必勝閣は、別名ヴィクトリアハウスと呼ばれた。金活蘭は社会部〔現在の保健福祉部、日本の厚生労働省にあたる」大臣の許政《ホ・ジョン》の援助を受け、必勝閣をもらい下げ、そこに米軍および国連軍の高級将校、外交官、韓国駐在外交官などを招待しパーティーを開いた。歌と舞踊を交えた多彩なサービスが提供された。毛允淑が作った楽浪クラブはさらに先を行っていた。「楽浪ガール」たちは国連軍の高位級や外交官たちを相手に「国の父」李承晩《イ・スンマン》のためのロビー活動と情報収集をし、「夜には韓服を美しく着て灯りに照らされながら接待」をした。李林夏は「性を媒介として開かれるパーティー、韓服を美しく着て世話をする女学生たち、歌と舞踊などは典型的な李承晩式外交」であったと評する。*53

毛允淑は自身の軍団を「楽浪ガール」と呼んでいた。（中略）毛のおかげで李承晩大統領は国連軍司令部が考えるすべてのことを事前に知ることができた。釜山にある楽浪クラブの指導部は（中略）軍の将軍と外交官たちのためにいつもパーティーの計画を立てていた。「私たちは注目されていないが、楽浪ガールたちはそうではない」と慰安婦（army special service hostess）たちは悲しい表情で話す。（中略）若い将校と記者たちのために彼女は若く美しい楽浪ガールたちをたくさん呼んできたりもした。（中略）ある日の夜のパーティーで、一人の若い参加者が期待していたよりも10歳くらい歳をとった女性が接待に出てきたのを見て怒り出して抗議した。そうしたら15分もたたないうちに韓国政府の高級官僚が若い楽浪ガールたちを引き連れて現れ、歳をとった楽浪ガールはそっといなくなった。楽浪ガールたちは二つの任務を遂行しているのだが、夜には韓服を美しく着て灯りに照らされながら高級官僚たちを接待し、昼には韓国軍を支援する物品をもらい受けるために米軍の幕舎のドアをノックする。（中略）公的には大韓女子青年団として知られた楽浪クラブは李承晩の援助で作られた。[*54]

李林夏は、150名にもなる楽浪クラブの会員たちは、ほとんどが大学を卒業し英語ができる多様な職業を持つ女性たちであり、戦時国民外交広報同盟の活動と同じだったという。そして、「国の父」である李承晩の直接の指示と介入、国家機構の強力な支援のもとで女性の性を媒介とし米軍（国連軍）の慰安事業をする女性指導者たちの反フェミニスト的な政治活動を批判する。[*55]

〈写真10〉は李坰謨《イ・ギョンモ》が国防部政訓局写真隊の文官を辞め、韓国写真新聞社写真部長として活動している時に撮影されたものである。正当派のルポルタージュ形式が目立つ李坰謨の写真の特徴がよく出ており、写真の中の構造と被写体それぞれが〔私たちに〕ささやくように話しかけてくる。写真は李起鵬《イ・ギブン》国防部長官就任祝いの

〈写真10〉釜山1951年6月，李坰謨撮影（『激動期の現場』121頁）© 李スンジュン，写真提供：ヌンピッ出版社

ために朴マリアが招待した駐韓米大使と米8軍の首脳部、そして外で歌っている女学生を収めている。敵産家屋〔植民地時代に日本人が建て、残していった日本家屋〕を改装したものと見られる国防部長官官舎の奥の間に李起鵬の妻である朴マリアが白いチョゴリ〔上衣〕に黒いチマ〔スカート〕という装いで座っており、その横に駐韓米軍大使とコルト米8軍司令官が座っている。画角が狭いので顔は見えないが、写真の左側には李起鵬長官（腕時計をした腕）の両側にはヴァン・フリート（Van Fleet）米8軍司令官と金活蘭が座っている。軍と外交の最高位の人物たちである。部屋に靴を履いたまま、さらには足（軍靴）を気持ちよく伸ばしている姿勢が従属的な韓米関係を絶妙に捉えたものであるという解釈についても論争があった。しかし、私は敵産家屋が醸し出している（ポスト）コロニアルな場所性と、「余興を高めるために」部屋の外に立ちポップソングを歌う「梨花女子大学校の学生」たちの姿に目がいく。これを韓米関係を促進する民間外交だと考えて見過ごしてしまっていいのだろうか。明らかなことは、金活蘭や毛允淑、朴マリアなどの女性指導者たちが李承晩大統領の指示で、または自ら訴え出て学生たちを動員したことに対しては、当時でも社会的視線と世論が穏やかではなかったという点である。直接的な性的遊興を提供したかどうかにかかわらずである。

公娼制を廃止し慰安所を設置

しかし、これはかわいいものであった。李承晩政権は「公娼制度等廃止令」（過渡政府法律第7号、1947年11月14日公布、1948年2月13日施行）に反する不法行為を犯した。その事業に関わる業者をおいて、国連軍専用の慰安所を設置・運営するのに介入したことは明白である。国連軍の労苦に感謝して恩返しをしようとしただけなのだろうか。朴正美《パク・ジョンミ》の研究によると、〔性売買は当時も〕違法であったが、多様な意図から「黙認・管理」をする方式で〔政府がこれに〕介入した。[*56] 政府が示したものは、駐屯軍の兵士たちが急増する状況で軍が起こす性犯罪〔強かんなど〕から「一般女性の貞操を守る防波堤とするため」国連軍の慰安所を設置したということである。米軍が要請して韓国政府が介入したという論議もある。戦時下で生計をたてるために多くの女性たちが性を売り、お金と物資がある米軍の駐屯地周辺に集まってきていたのだが、性病感染を統制し、「第5列〔スパイ〕の侵入を防ぐため」に、米軍が韓国政府に国連軍の専用慰安所の設置と管理を依頼したという。

　米軍などの国連軍駐屯地域周辺に慰安所が建てられた。軍部隊の幕舎、野山、野原などを問わない移動型慰安所もあったようである。1950年9月から10月頃に登場し、1951年6月頃に戦線が38度線付近に固着化されたことで本格的に増えていった。1953年になると「必要悪」であると主張されるほど常設化され、

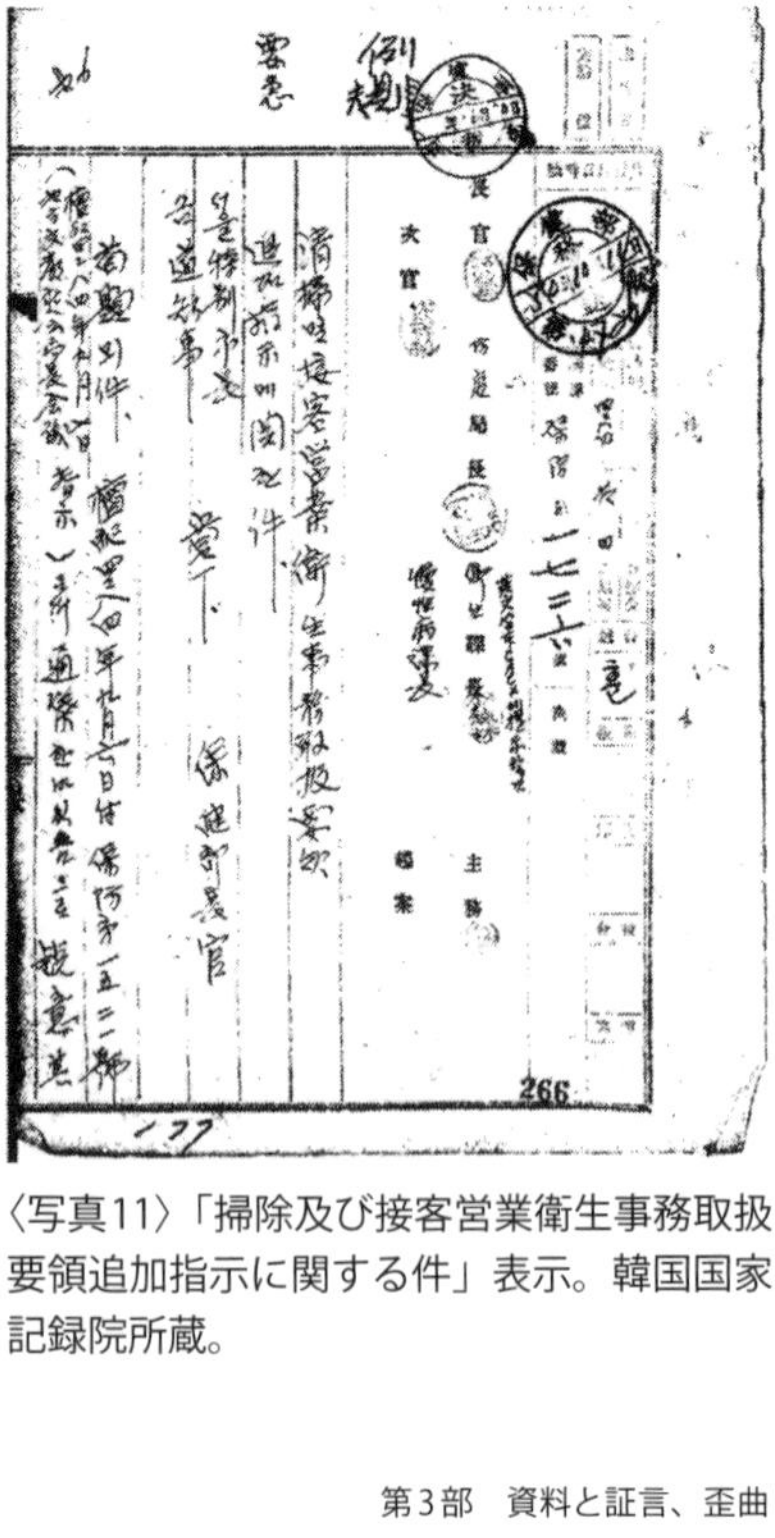

〈写真11〉「掃除及び接客営業衛生事務取扱要領追加指示に関する件」表示。韓国国家記録院所蔵。

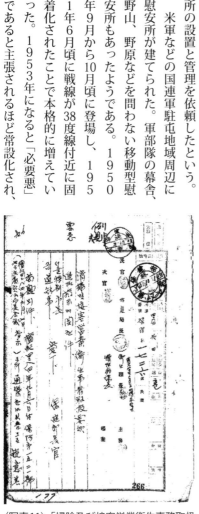

全国的に分布するようになり特定地域の隔離設置も議論されるにいたる。

興味深いことに、李承晩政権は違法であることを意識しながらも、戦時であるという特殊性を打ち出し、慰安所を設置し管理するための法的根拠として行政命令を出した。下位の命令が上位の法律に反する性売買の「黙認・管理」であった。朴正美が初めて明らかにしたことによれば、最初の事例は1951年10月10日に保健部〔現在の保健福祉部〕が決裁した「掃除及び接客営業衛生事務取扱要領追加指示に関する件」〔保健部防疫局1726号〕である。この指示で「慰安婦」は「慰安所で外国軍を相手とする慰安接客を業とする婦女子」と定義された。

この指示は慰安所の新設および営業許可、慰安婦の健康診断、慰安所および慰安婦の

〈写真12〉米第3歩兵師団民事救護所の韓国人医師が性売買女性を診療している。1952年5月11日。

隔離などを規定している。その他の遵守事項として「この営業は6・25動乱〔朝鮮戦争〕をきっかけとした戦争遂行に随伴する特殊営業形態であり遵法的な公務事業ではないことを十分に考慮し取り扱うこと」と明記していることからも、政府自身も法に反する指示を行っていることを明らかに認知していた。表紙にこの指示の「英文資料（を）ＣＡＣＫ（米8軍下部組織であるＵＮＣＡＣＫのこと）に提示すること」と記入してあり、さらに、指示事項として「許可新設は駐屯軍当局の要請によるもの」や「健康診断を取り締まるために外国軍の憲兵隊にも連絡する」と記されていることから見ると、米軍が軍専用慰安所を承認し、性病管理という次元で韓国人女性の体を衛生や警察という視点から統制したことがわかる。

戦後に基地村性売買集結地が本格的に発達し、性病にかかった米軍兵士が「コンタクト」〔性病をうつされたと思われる女性を名指しすること〕すると「落検者収容所」に連れていかれ、性病を治したら出てこられたり、亡くなった後に出てきたというが、これを「討伐された」と表現する米軍「慰安婦」の言葉は、それ自体として国家暴力、国家犯罪が女性の体に対して行われたことを示す。[*57]

〈写真12〉は写真兵クリザック（Kryzak）が撮ったもので、韓国人医師が性病治療のために米第3師団が運営している民事救護所に連れてこられた性売買女性を診療している姿を捉えている。救護所の幕舎の中の派手に見える雰囲気とは対照的に、検診を待っている女性たちの表情は暗い。この写真は当時、「対外秘」と分類され、利用が制限された。

日本軍の経歴を持つ者の発想

1952年、国連当局と駐韓国連民事部（UNCACK）の指示で韓国政府は全国に性病診療所を設置し、健康診断書を発行して性病予防と指導にあたった。2月20日のある報道によると、保健部長官は全国に約40か所の性病診療所を設置し、さらに増設していると述べている。[*58] 当時の保健統計によると1952年から性病検診を受けた延べ人数が飛躍的に増え、健康を回復した「延べ人数」が相当に高い比重を占めた。性病予防と治療の対策が成果を収めたということである。李承晩政権が性病管理を拒否する人を強力に取り締まり、差別した効果もあったのだろうか。「慰安婦」たちは「密偵」や「第5列分子〔スパイ〕」と疑われ、取り締まりを受けたりもした。人道主義的な医療救護のように見える性病予防処置には、実際には性病を誘発しうつす存在として、つまり衛生的次元での「不純分子」である彼女たちの衛生処理をしなければならないという認識が前提となっていた。性病から米軍と国連軍の身体を保護する保健衛生措置が、第5列〔スパイ〕の侵入による共産主義の伝染を遮断し、国連軍と自由な世界を守るという言説とつながっていた。

ここまで述べたので、〔読者のみなさんは〕韓国軍が軍の慰安所を設置、運営したという、巷で言われるような話を突拍子もないものとみなさないでほしい。金貴玉《キム・ギオク》教授は2000年代の初めから、陸軍本部が1956年に出版した『6・25事変後方戦史（人事編）』に〔韓国軍による慰安所と〕関連した内容を発見し、参戦将軍と兵士などの回顧・証言もふまえながら、韓国軍「慰安婦」と特殊慰安隊の存在を主張してきた。現在まで確認されたことによると、当時、過去に日本軍〔に従軍した〕経歴を持っている一部の幹部たちの発想で、兵士の士気をふるい起こし、戦時集団強かんを防止し、性病を予防し、軍事機密の漏洩を未然に防ぐという名分で、一部の国軍部隊が特殊慰安隊を直営で設置・運営した。国連軍の慰安所は軍専用のものとして業者に運営させる方式をとり、韓国政府と米軍は設置を要請し、許可や中止および性病管理と処罰という方式で介入したが、韓国軍の特殊慰安所は軍が直接設置・運営し、「第五種補給品」として「慰安婦」を「調達」(動員)した。部隊ごとに「調達」方式は違ったが、鐘三（ソウル鐘路三街《ジョンロサムガ》）などの私娼街から女性を動員したり、「アカ」と目された女性などを強かんし拉致して強制動員したこともあった。その数は、数少ない資料と回顧録を総合すると、少なくとも79名から最大２４０名程度であったと推定される。また、慰安所を利用した兵士は、１９５２年だけの延べ人数で20万人を超えると記録されている。

日本軍「慰安婦」制度が朝鮮戦争によって部分的に蘇生したのである。この制度を思いついた「発想」、その発想を制止せず実行した韓国の首脳部、法律違反であることを意識しながらも「黙認・管理」するという措置をとった李承晩政権、そしてアジア太平洋戦争と日本・沖縄および韓国の占領に続き、朝鮮戦争を経て、「慰安婦」制度の管理方式に同化されてしまった米軍。戦争に動員された女性たちにとって、彼らは「業者」の位置にあったと言い切るのは行きすぎた表現だろうか。戦争の日常、日常の戦争から生き残り、生きようとしながらも国家が関与した性暴力というシミをつけられた「慰安婦」女性の生涯全体に、私たちはどのように向き合い、記録・記憶し、応答しなければならないのだろうか。

李栄薫の「我々の中の慰安婦」論に含まれる「暴力的な心情」

李栄薫《イ・ヨンフン》は「慰安婦制は、日本帝国主義の敗亡と共に消えたものでは」なく「韓国軍慰安婦、民間慰安婦、米軍慰安婦の形態で存続した」と主張している〔日本語版286頁〕。日本軍「慰安婦」問題を韓国軍慰安婦や米軍慰安婦問題とつなげて考えるという点については同意する。しかし、李栄薫はまるで自分だけが発見したかのごとく書いているが、それは結果的には先行研究に対する彼の大いなる不勉強を示すだけである。

韓国軍慰安婦については金貴玉教授が早くから先駆的な問題提起とともに、軍資料を発掘し、回顧録と口述証言資料を収集し論文を発表してきた。その成果を集めて出版した本が『そこに韓国軍「慰安婦」がいた』（ソニン、2019年）である。また、解放後の公娼制度廃止のもとで行われた政府の性売買「黙認・管理」政策、韓国軍／米軍（国連軍）慰安所の管理・運用、基地村性売買女性の管理と国家暴力、反性売買運動の歴史研究を掘り起こしてきた李娜栄《イ・ナヨン》教授、李林夏教授、朴正美教授などの先行成果が蓄積されている。このテーマに関した研究を一度も発表したことがない李栄薫は、1960年代初頭に提出されたソウル大学校保健大学院修士論文3編と1950年から60年代の保健社会統計を見た程度である。それにもかかわらず、彼は研究論文や研究書ではなくユーチューブで講演をし、この分野は研究されてこなかったと主張する。これは勇気というよりは客気《かっき》に近く、怠惰であり、傲慢である。李栄薫とは異なり、先行研究は、たとえば朴正美教授の研究は、保健社会統計年報だけではなく、性病年報、警察統計年報、大韓民国統計年鑑など、性病の検診項目を含んだ各種の統計を確認し、統計の範疇／項目として「慰安婦」の定義が時期によってどのように変化してきたのかも分析する。アマチュアとして狩りを楽しむ一人の老年男性が飛行機で出会った国家代表射撃選手の女学生に射撃について訓示を垂れるのを見て、彼の「マンスプレイニング」を〔そばで〕見ていた私のほうがなぜか〔恥ずかしくなり〕顔が赤くなってしまったことがあった。李栄薫の客気は、それよりもひどいのではないだろうか。

李栄薫は韓国軍と米軍慰安婦の問題だけでなく、「性売買を専業とする女性」すべてを「民間慰安婦」であると呼んでいる。「全国のほぼ全ての都市で私娼街が形成されており、約四万人の女性がそこで性売買を専業とする慰安婦として生活していました」〔日本語版223頁〕と強調している。彼はこの女性たちの経歴や性売買に従事した期間、実態、所得水準について言及した後で、この民間慰安婦たちは「国家から保護されていませんでした」〔日本語版286頁〕とさらっと言及する。そして日本軍「慰安婦」の処遇と比較し、韓国の民間慰安婦、つまり性売買を専業とする女性たちはもっと劣悪な状況におかれていたと主張する。さらに彼は「一九五九年、ダンサー、慰安婦、接待婦、密娼の性病感染率」を「日帝期の娼妓」と「日本軍慰安婦」の性病の状態と比較し、韓国の民間慰安婦の健康状態のほうがはるかに悪かったと主張する〔日本語版286頁〕。さらに「日本軍慰安婦は、保護された境遇」にあったと述べる。「日本軍慰安婦が性奴隷であったなら、解放後の民間や基地村の慰安婦は、それよりもずっと過酷な状況に置かれた性奴隷だったと思」うと述べながらも、李栄薫は「どちらの慰安婦についても、性奴隷説に賛成していません」と付け加える〔日本語版287〜288頁〕。さらに深刻なことに、李栄薫はこの責任を日本と韓国の国家に問うのではなく、韓国の「乱暴な種族主義者」に問うている。それは具体的には挺対協を名指して行われる。

李栄薫の意図と論理は明白である。「貧困階層の女性たちに強要された売春の長い歴史の中で一九三七年〜四五年の日本軍慰安婦だけを切り離し、日本国家の責任を追及」してはならないというものである〔日本語版288頁〕。慰安婦制が解放後も持続し、さらに劣悪であったので、この責任は韓国の種族主義にあるというのである。李栄薫はこのような意図から文脈を無視して資料を選び出し、拡大解釈したり歪曲したりするという否定の実証主義の方法を駆使している。

まず李栄薫の「民間慰安婦」というカテゴリーが非歴史的であることについて批判的に見てみよう。解放後、公娼制の廃止をきっかけとして名称のカテゴリーが変化する歴史から考えたい。簡単に言えば「公娼」、つまり「娼妓」という名称がなくなったことを意味する。過去の「妓生」「酌婦」「女給」は「接客婦」という新しい名称となり、「私娼」として国家によって黙認・管理された。法律で公娼制度を廃止したにもかかわらず、下位の行政命令として行われ、それは朝鮮戦争期にも続けられた[*59]。前述した1951年10月10日に保健部が出した「掃除及び接客営業衛生事務取扱要領追加指示に関する件」でもこれを確認できる。この指示において「慰安婦」を「慰安所で外国軍を相手とする慰安接客を業とする婦女子」と定義したことはすでに確認した。興味深いことに「慰安婦」を「接客婦」や「ダンサー」とははっきりと区分した。接客婦はかつての妓生、酌婦、女給などであり、ダンサーは「ダンスホールで、または特殊カフェなどでダンスを業とする婦女子」と定義された。

国軍と連合軍のために李承晩政権が自ら設置した慰安所は1954年までにはすべて閉鎖されたが、休戦後にも駐屯し続けた米軍を相手とする基地村性売買は本格的に拡大した。ソウルでは龍山《ヨンサン》・

梨泰院《イテウォン》・永登浦《ヨンドゥンポ》が代表的で、仁川《インチョン》・富平《プピョン》、京畿道《キョンギド》の坡州《パジュ》と楊州《ヤンジュ》（現在の議政府《ウィジョンブ》と東豆川《トンドゥチョン》を含む地域）、抱川《ポチョン》・平澤《ピョンテク》・松炭《ソンタン》、釜山《プサン》の凡田洞《ボムジョンドン》・佑洞《ウドン》・草梁洞《チョリャンドン》、光州《グァンジュ》の松汀洞《ソンジョンリ》もここに入る。一方で、民間人性購買者（買春者）が訪れる性売買集結地も発達した。集結地は「ソ鐘三」と呼ばれていたソウル鐘路三街集結地、東大門の近所、ソウル駅の周辺、仁川の仙花洞《ソナドン》、釜山駅と玩月洞《ワノルドン》、大邱《テグ》駅とジャガルマダン、大田《テジョン》の中洞《チュンドン》、馬山《マサン》の新浦洞《シンポドン》などを中心に形成された。[*60]

慰安所が廃止され、性売買集結地が発達する状況に合わせ、1957年2月28日に施行された伝染病予防法施行令は性売買女性のカテゴリーを分類し直した。かつての妓生は「接待婦」という名称に代わり、接客婦の下位カテゴリーとして「女給」が登場した。つまり、「接客婦」というカテゴリーには接待婦と酌婦が含まれ、それとは別にダンサー、女給、慰安婦が区分された。「慰安婦」を定義するカテゴリーにも変化が生じた。国家と軍が設置した慰安所がなくなったためである。この法令の施行で「慰安婦」は狭義には米軍を相手とする性売買女性、広義には専業の性売買女性（「売いん行為をする者」）を示す用語になった。[*61]ただ、1950年代中盤から1960年代までの性病検査統計での「慰安婦」というカテゴリーは主に米軍を相手にする基地村女性を示す言葉であると理解してよい。1960年代「淪落女性」を取り締まる犯罪統計では「慰安婦」と「娼婦（娼女）」という二つのカテゴリーに分けていた。「慰安婦」とは「国連軍を接客」する女性たちを、「娼妓」は「都心地域にあるいわゆる善導区域」で韓国人を対象として性を売る女性を示した。[*62]このように見る時、李栄薫が呼ぶ「民間慰安婦」というカテゴリーは非歴史的であるというだけでなく、混乱をもたらし、歪曲された主張をするための用語であると思われる。

次に、日本軍「慰安婦」制を解放後に存続させ続けた責任を、誰に問わなければいけないのか考えてみよう。李栄薫は「乱暴な種族主義者たち」に問わなければいけないとごまかそうとするが、李承晩政権、つまり国家が戦時に韓国軍および米軍／国連軍慰安所を設立したことへの責任を問う必要があるだろう。「慰安所での慰安接客」のために女性本人の意思に反して動員されたのならば強制動員であり、強要された性的慰安に動員され、そのような生活が続いたのであれば性奴隷だったということである。しかし李承晩の信奉者である李栄薫は、女性たちが国家によって保護されなかったというように国家責任の所在を曖昧にさせ、その代わりに韓国社会の家父長制と民族主義（または種族主義）に責任を転嫁しようとする。

また、戦後には基地村性売買女性や専業の性売買女性と呼ばれ、1950年代中盤以降には「慰安婦」と通称された人たちの問題に対しても韓国政府はその責任から自由ではない。基地村女性たちの証言でも明らかに示されていることである。京畿道平澤地域の公務員たちが、その当時、女性たちに米と日用品を支援しながらこのような言葉を述べたという。「お姉さんたちは国を生かして外貨獲得をしているから支援を受けてもだいじょうぶですよ」。また公務員たちは基地村女性たちに米軍を相手にする時の態度についてまでも詳しく教えたという。ある警察署長は「米軍を不快にさせたら利敵行為」であると脅迫したりもした。国家は米軍の駐屯のために性売買を助長し、黙認・管理し、そのため基地村女性たちは強制検診・拘禁・殴打・人身売買に悩まされた。韓国の司法もこれを認めている。2018年2月8日、ソウル高等裁判所は米軍慰安婦問題について国家に責任があるとし、慰謝料の支払いを命じる2審判決を下した（2017ナ2017700）[*63]。

しかし李栄薫は慰安婦問題の根源に韓米同盟があり、慰安婦たちが外貨獲得のための担い手として動員されたという、この間の米軍慰安婦を支援する団体と学界の議論についても特に反駁の根拠もなく、ただ「同感しません」と述べ、「政治的接近に対する疑問」を表明する〔日本語版229頁〕。キャサリン・H・S・ムーンの『同盟の中のセックス』(サミン、2002年)が出版されて以来、基地村女性についての研究は韓国だけではなく米軍基地の全地球的なネットワークと基地村女性問題に関する研究として拡張しており、その成果が積み上げられている。特に李娜栄教授をはじめとするフェミニスト・オーラル・ライフ・ヒストリー研究者たちの基地村研究は、新しい視角と良質な資料を加えている。しかし、あまりにも単純に李栄薫は「私たちの人生そのものがそのように偽善的だと思います。そういうことに対して、韓米同盟を強化するためだとか、ひいては外貨稼ぎのためだと解釈することは、あまりにも政治的」〔日本語版230頁〕であると主張する。彼の根拠が貧弱であるというレベルではなく、まったく根拠なく同じ言葉を繰り返しているだけである。誰が政治的であるのか問い返さざるをえない。

最後に李栄薫の悪意のある区分について指摘したい。彼は「日本軍慰安婦問題に従事する社会運動家たち」が「日本軍慰安婦と米軍慰安婦は異なる問題だと主張し、一線を引いて来」たとしながら、そのようにする理由として「反日種族主義という集団情緒が作用するから」「日本軍慰安婦問題に対して韓国人たちは、限りなく憤怒」するが「米軍慰安婦問題に対してはそのように反応する集団情緒が」ないと主張する〔日本語版230〜231頁〕。

日本軍「慰安婦」と米軍「慰安婦」を区別するのは基地村周辺の商人や一部の住民たち、一部の排他的国粋主義者たちの論理である。これとは異なり、金福童《キム・ボクトン》ハルモニなど日本軍「慰安婦」被害者たちは米軍慰安婦被害者たちと連帯し、水曜集会にも一緒に参加してきた。李栄薫が乱暴な種族主義者としてレッテルを貼っている挺対協も、米軍慰安婦女性たちやその支援団体の活動家たちとさまざまな形で連帯してきた。〔挺対協の後進組織である〕正義記憶連帯の理事でもある李娜栄教授は10数年の間、米軍基地村女性問題の歴史と運動についての研究に携わってきて、最近では米軍「慰安婦」問題の真相究明および被害支援のための立法活動にも力を入れている。

日本軍「慰安婦」や韓国軍「慰安婦」、米軍・国連軍「慰安婦」、基地村、性売買集結地にいる性売買女性たちは、分析をする際にはこのように類型化されるかもしれないが、女性の生涯から見ると、すべてがつながっている体験である。李栄薫が本気で「我々の中の慰安婦に対する考察」をするのであれば、この女性たちの人生と体験の話に耳を傾けるべきではないだろうか。しかし、彼は自身の目的に沿って歪曲された主張をするための道具として活用している。結論として、李栄薫の「我々の中の慰安婦」論はあまりにも欺瞞的で乱暴である。彼が言及した暴力的な心性は誰よりも彼自身に差し戻さなければならないだろう。

エピローグ◉ポスト真実の時代、否定とヘイトにどう応じるか

ポスト真実の時代、否定とヘイトが見せる風景

2019年10月3日、民族問題研究所と日本軍「慰安婦」研究会が「歴史否定に論駁する」というテーマで『反日種族主義』を検討する場を緊急に設けた。会場となった植民地歴史博物館1階のホールは、被害者や支援団体の活動家、研究者、一般市民などの聴衆でびっしりと埋まった。遅ればせながら学界が〔この本に対して〕公式に反論する場に、聴衆も熱心に参加してくれた。

金昌禄《キム・チャンロク》教授は「法を通じて見る反日種族主義の間違い」というテーマで発表をし、その中で「狂気がかった憎悪の歴史小説家」〔日本語版26頁〕という表現に言及した。李栄薫《イ・ヨンフン》が趙廷來《チョ・ジョンレ》を非難した言葉である。しかし、金昌禄教授は誰が狂気がかっており、誰が憎悪を表出した歴史小説を書いているのかと李栄薫に問い返した。その言葉を聞いた時の感覚を今でもはっきりと思い出せる。もし本を書くことになったらこの表現を必ず使いたいと、その時に金昌禄教授に話しかけた。〔私は〕『反日種族主義』を読んだ時、李栄薫「たち」が学問の威を借りて吐き出す悪意のある嘘と扇動がブーメランのように彼らに戻っていくだろうと予感していた。

『反日種族主義』の意図と目標とは何だったのだろう、李栄薫「たち」が望むことは何だったのだろう。緊急検討会の場で発表者と討論者、聴衆たちに問いかけた。もちろん本の中でも明示的に示されており、李栄薫も何度もインタビューで明らかにしてきた。反日種族主義による嘘を正すだとか、

自分たちは資料に忠実な基本的事実だけを述べ歴史の実態をあるがままに示しているだとかという一方的な主張のことである。

ずいぶん前に、ドイツで同じようなことが起こっていた。歴史修正主義者たちは「自分たちの主張が資料と証拠に基づいた信頼できる学問的な研究の結果」であると強調した。彼らの出版物にも多様な文書と資料が引用されており、脚注がつけられていた。しかし、ほとんどがすでに合意されていた研究成果を知らなかったり、無視したりしており、自分たちだけで互いに引用し、書き写し、根拠のない数字を羅列し、同じ主張をひたすら反復していた。彼らの資料選択は偏向しており意図的であり、資料を誤読したり割愛したりし、典拠を歪曲したり、必要であれば存在しない証拠を作ったりしながら自分たちの主張を合理化する。[*1] これが日本で、そして韓国でも相変わらず繰り返されている。

このような主張、論理、方法は新しいものではなく、いくらでも論駁可能である。主張の根拠として動員されているそれぞれの事実が偏っており、歪曲されたまま織り交ぜられていることが明らかであるためだ。たとえるなら、李栄薫の本は傷だらけであり、甚だしくは腐った材料（事実）を一部の良い材料と合わせて派手な味付けをした嘘の料理（本）である。味や栄養（歴史の正しい理解）に欠けるどころか、誤って食べるとお腹を壊すかもしれない代物である。

問題は『反日種族主義』と李栄薫の主張が非常に人気のある料理だということだ。扇情的な視角と強い味に慣れているニューメディアのプラットホームの利用者たちにとって、さらには陣営化された大衆にとって、この本と李栄薫の主張は、きれいに包装された、美味しい本当の料理のように映る。あるオンライン書店の本のレビューで最高と最悪がほぼ半々であるのを見てもわかるだろう。煽情的で声ばかりが大きいだけで、質の悪いコンテンツが、ニューメディアのプラットフォームと技術と出会うことで過去とは質的に違う波及力を持ったということである。

このような状況において、傷だらけの腐った材料が問題なので、これを使って作った料理がきちんとしたものであるわけがない、と主張することができるだろう。それも一つの方法だとは思う。しかし、材料（事実）について細かく専門的に問えば問うほど、その細かさと専門性を冷笑する態度をとったり、回避したりする人々も多くなるだろう。最近のように、ポスト真実の時代にはファクトの闘いそのものが陣営論理の争いと見なされてしまうことが多い。互いに自身がファクトに基づいており、相手はそうではないというような攻防をすると、反知性主義の芽を出させ、それを大きく育てることになる。もしかしたら歴史修正主義の効果とは、歴史を否定するのにとどまらず、「ファクト」に対する冷笑、つまり事実を話すことが退屈で面白くないことであると考え、（人々を）無感覚にすることにあるのではないだろうか。ファクト「主義」（ファクトを主張する人や状況、構造に注意しろ！という考え方）やファクト「蟲《むし》」に対するヘイトはこれを立証しているのではないか。

そのため私は、材料（事実）に対する細かく専門的な問いを提起する闘いとは別のレベルで、水準に達していない料理（本）がなぜ美味しいと誤認されるのかを指摘することが必要ではないかと思っている。第2部で本の主張の根拠を具体的に一つ一つ確認しながら論駁する前に、まず第1部で本がおかれている文脈と背景について深く掘り下げたのは、このような問題意識からであった。

日本では転換点となった１９９７年に、「新しい歴史教科書をつくる会」（以下、つくる会）に代表される歴史否定論が出現し、天皇を中心とする国家神道の復活を求める「日本会議」が結成された。その後、歴史否定論と（宗教化された）国家主義が結びつくようになり、すぐにフェミニズムに対するバックラッシュ戦線が拡大した。このバックラッシュは1990年代末の「ジェンダーフリー」をターゲットとする反対運動となった。つくる会の歴史否定論者と日本会議の日本女性の会が先頭に立って地方自治体の男女平等条例やフェミニズムやジェンダー関連の講演、学校でのフェミニズム的な性教育に対するバックラッシュを展開した。彼らにとって日本軍「慰安婦」問題と男女平等およびフェミニズム教育は、「愛国心と伝統秩序を破壊するという点で互いにつながる」ものであった。2005年に官房長官であった安倍晋三が「過激な性教育・ジェンダーフリー教育の実態を調査するプロジェクトチーム」の座長を担ったことが非常に示唆的である。[*2]

日本の1997年と比較できるのは、韓国の2005年である。盧武鉉《ノ・ムヒョン》政権の過去事および親日派清算の制度化と運動が皮肉にもニューライトを誕生させ、さまざまな右派運動が拡大した。そして日本のつくる会のように、韓国でもニューライト系の歴史フォーラムが登場した。李栄薫「たち」がここに登場し、反動が始まった。これこそ『反日種族主義』に連なる歴史的系譜である。しかし、この時は親日派清算に植民地近代化論という向かい火で抵抗するにとどまり、本格的に日本軍「慰安婦」問題を否定する試みが行われたわけではない。2004年に李栄薫がMBCの「深夜討論」で、日本軍「慰安婦」は金稼ぎのために行った売春婦であったと発言したことは確かに否定の試みにあたるが、李栄薫はこれによって痛い目にあい、すぐに〔彼自身が公に〕謝罪したため一度きりのハプニングとして終わった。2005年以降、日韓の右派の間や、韓国の右派の間、多様なニューライト系の間の連帯がなくはなかったが、しっかりとしたものではなかった。「親日派清算」と反日民族主義を浸食しようとする試みが逆風を浴びると、右派内では連帯よりも分裂が目立つようになった。しかし、同時に彼らの勢力が次第に強まっていったことを看過してはならない。

そのような意味で２０１５年は日韓の右派にとって重要な分岐点となった。日韓の右派は被害者を排除した拙速合意という形〔２０１５年12月に突如として発表された「慰安婦」問題に関わる日韓合意〕で日本軍「慰安婦」問題を抑圧して否定した。さらには、在日朝鮮人を排除し、極端なヘイトを行った。韓国では「朝鮮籍」を持つ在日朝鮮人が排除され〔入国が拒否され〕、日本では「在日特権」に対するヘイトスピーチが行われた。それも極右傾向の「生物学的に女性」である政治家や言論人、研究者を前面に出して行われた。杉田水脈《みお》議員はこのすべてのことをしっかりと見せてくれた。杉田は日本軍「慰安婦」問題、在日朝鮮人、セクシュアルマイノリティ、難民などすべての問題に極端なヘイトスピーチを浴びせかけたが、興味深いことはこの問題に対する本当の真実を、正しい女性である自分が知らせるという形の論理を行使しているという点である。[*3] 自分が真実と正しさの位置に立っているので相手は嘘かフェイクであり、そのため除去されなければならないものとされる。韓国でも同様の風景が暗鬱に広がっている。

「歴史否定罪」の立法が必要

ポスト真実の時代に歴史否定に関するあらゆる暴言とヘイトスピーチが繰り広げられる光景がつめ込まれた本が、まさに『反日種族主義』である。この本にどのように対応するのかは、結局、歴史否定とヘイトにどのように対応できるのかという問題である。
この本を書いた李栄薫「たち」の言動を歴史を否定するものとして刑事処罰しようと主張する人たちがいる。日本軍「慰安婦」および強制動員被害者などの名誉毀損の訴訟にとどまらず、被害者に向けられた著者たちによるヘイトスピーチを積極的に刑事処罰しようということである。これと反対に表現の自由との葛藤の問題、歴史的真実は論争で解決するべき問題だという理由で処罰に反対する声もある。何よりも歴史否定やヘイトスピーチを処分したとしても、そのような行為は根絶できないという現実的な問題から、処罰にも慎重であるべきだとする立場もあるだろう。[*4] 処罰したとしても否定とヘイトの思想と発言を根本的に消し去ることはできず、ちょっと間違えれば彼らが〔彼らの主張を信じる人たちにとって〕殉教者のような存在になってしまう可能性もある。[*5]
法的な規制の方向は現実の必要性と連動している。米国の歴史と現在において表現の自由が民主主義の条件として受容されているので、これを制限する立法を禁止しており、ホロコーストを記憶するドイツでは民主主義の防御という観点で過激派の勃興と否定の試みに立法を通じて積極的に対応してきた。したがって、李在承《イ・ジェスン》はこれらの対応はどのような方向が良いかと理論的に述べることはできず、原則を選択してからその副作用を甘受しなければならないと論じた。[*6]
ある市民講座で私に質問した一人の市民の怒りの声がまだ耳の中に残っている。「表現の自由というのはヘイトをする自由のことを言うのではないですよね。ヘイトスピーチがどうして言論だと言えますか。ヘイトスピーチは差別、暴力、排除であり、それを扇動するものです。だから規制しなければならないということは間違っていないのではないでしょうか」。

私もこれに同意した。「今や表現の自由とは弱者の権利保護ではなく、強者の自己正当化、弱者に対する暴力のアリバイとなったようだ」と答えた。しかし、それ以上言葉を続けられなかった。ヘイトスピーチと歴史否定は表現の自由の問題ではないので規制しなければならず、刑事処罰をしなくてはならないという立場を噛み砕いて説明することができなかったのである。

私は否定とヘイトは「表現」の問題ではなく「発話」の問題であると考える。以前は、否定とヘイトの発話は言説として迎え撃ち、転覆させる方式で、消滅させるとまではいかなくても、バカげたものにすることができるはずだと考えていた。そのように否定とヘイトに没頭する者たちを孤立させられるだろうと思っていた。しかし、〔現在のように〕ユーチューブなどのニューメディアのプラットフォームと人工知能の技術によって言説が大きく二つの陣営に固着化している状況で、本当にそうなるだろうか。韓国と日本の最近の状況を見ると楽観しているわけにはいかなくなった。

そんなことを考えていた頃、２０１９年12月13日の日韓共同シンポジウム「ヘイトスピーチと歴史否定――犯罪なのか歴史解釈なのか」に参加した。発表者は日本でヘイトスピーチとヘイトクライム問題について法〔の研究〕と運動に身を投じている前田朗教授と、韓国でヘイトスピーチの問題点と規制の必要性を扱う『言葉がナイフになるとき』を書いた洪誠秀《ホン・ソンス》教授であった。しかも洪誠秀はヘイトスピーチの基本にある問題意識を歴史否定罪に関して議論を広げた。

前田朗は「ヘイトスピーチを受けない権利」を論じ憲法上の論拠について発表した。[*7] 洪誠秀も特定の歴史的真実を否定することに対し、処罰が切実に必要であることと、その根拠が準備されなければならないと主張し、前田朗と同様の論拠を述べた。それは真実の論拠〔歴史的真実の追求〕、被害者の論拠（サバイバーとその子孫たちの名誉保護）、人間の尊厳の論拠（人間の尊厳の侵害）、差別の論拠（マイノリティ差別としてのヘイトスピーチ）であった。ただ、洪誠秀は真実の論拠を被害者・人間の尊厳・差別の論拠とは区別し、真実の論拠は歴史否定を処罰する論拠としては正当化されないと主張した。[*8]しかし、歴史的真実の問題は「過去に起こった出来事」に限らない。被害者にとって真実を追求する問題は差別と排除から抜け出し、人間の尊厳を回復する問題である。そのため否定論者たちが真実を抑圧し否認する時、被害者たちは長い間、差別され、排除されてきた感情を反芻する体験をすることになり、人間の尊厳を大きく侵害された気持ちになる。そのため、私は真実の論拠も歴史否定罪を可能にする重要要件であると考える。

まとめると、歴史否定論者たちが、学問・思想・表現の自由を打ち出し、人道に対する罪など非常に重大な人権侵害に対する真実を否認して歪曲することは、真実・被害者・人間の尊厳・差別の論拠に基づき処罰されなければならない。そのような意味で、厳格に制限された歴史否定罪の立法は慎重な方式で考慮されなければならないだろう。

『反日種族主義』の内容と主張は、当時、日帝が犯した戦争犯罪と人道に対する罪に対する真実を隠蔽したり、さらには美化している。また、この大きな犯罪から生存した被害者たちの存在を否認し抑圧している。これにとどまらず、現在、歴史否定行為はフェミニズムや難民、セクシュアルマイノリティ、在日朝鮮人へのヘイトと出会い、巨大なバックラッシュを創り出している。２０１９年「反日種族主義」現象というバックラッシュに対していかに「反撃」すべきだろうか。

一方で、歴史否定罪とヘイトスピーチに対する処罰立法が求められているが、法的・制度的規制に頼るばかりではいけないだろう。私はこれまで、李栄薫「たち」が書いた本の裏にある文脈と背景を分析し、この本の主張、方法、論理に対し、批判の幅と深みを持たせながら、本が歪曲して奪い取った資料と証言を詳細に、そして総合的にもう一度見て、聞いて、読んだ。そのようにして復元されたさまざまな話と声を聞かせようとした。それを聞いた「私たち」が増え、共感の拡散と連帯が行われることこそが、反撃のためのより大きな土台となると信じている。

補論　否定の時代にいかに歴史を聴くか

趙　慶喜

通読して感じたのは単なる反韓・嫌韓の本ではなく、著者らが現在の韓国を憂えて記した「憂国の書」だということです。（中略）彼ら（韓国人たち）がなぜ歴史的事実と異なる不可思議な主張をしてきたのか、理由を歴史に沿って考えねばなりません。（中略）その意味で『反日種族主義』は必読の書と言えます。[*1]

この本の著者たちは、「韓国人は歴史に対して過度な劣等感を抱くな」と励ましているのである。この意味で本書は、歴史を生きた韓国人に対する敬意に満ちあふれた書物だと思う。（中略）彼らが自分たちの歴史について、これほど赤裸々に自己反省を展開する痛みの深さを推し量るべき。[*2]

『反日種族主義』の日本語版を出版した文藝春秋は、２０１９年末、『週刊文春』などの誌面で『反日種族主義』特集を組んだ。右に引用した最初の文章は、自民党の政治家である石破茂の批評で、二つ目の文章は知韓派として知られている京都大学の小倉紀蔵による評である。両者とも『反日種族主義』に惜しみない賛辞を送っている。彼らは嫌韓論者ではなく、むしろ韓国に対する好意的な態度のせいで、ネット右翼たちから非難されたりする人物である。彼らだけでなく、『週刊朝日』はこの本を「韓国社会の成熟」と表現し、ＮＨＫ前ソウル支局長の池端修平は「『反日種族主義』は、未来志向の歴史観が韓国から出てきたことに大きな意味がある。この現象は、韓国における『反日』の、『終わりの始まり』かもしれない」と好意的に評価した。[*3] ２０２０年1月末現在、アマゾンには５２５個のレビューが載っている。そのうち星一つや星二つの評価は5パーセントに満たず、むしろ過激な嫌韓論の立場から高い評価をしているものがほとんどである。

２０１９年下半期に生じた過去事を取り巻く日韓関係の亀裂とほぼ同時に出版された『反日種族主義』は、国内外に相当な反響を巻き起こした。日本のネット右翼から中道の知韓派にいたるまでこの本に魅了される現象を見ると、李栄薫《イ・ヨンフン》は確実に日本の広範囲な読者層をターゲットとしていることがわかる。韓国の「嘘つき文化」は嫌韓派たちの決まり文句であり、「自己反省」は知韓派たちが好む韓国人の姿である。日本のリベラルによる本格的な書評はまだ見当たらない。このまま気まずい沈黙を続けるのか、あるいは5年前の『帝国の慰安婦』の時のように分裂を経験することになるのか、注目せざるをえない。とはいえ目を背けてばかりはいられない状況になってきている。

康誠賢《カン・ソンヒョン》教授が本書でも言及しているように、民族主義ではなく「種族」主義という言葉は学問的概念ではなく、韓国という民族集団を排他的で未開な存在として貶めるためのレトリックであり嫌悪と侮蔑の言葉で、烙印である。以前からこの語を考えていたという李栄薫は、ＮＨＫのインタビューで、出版後「親日派」という「攻撃」に対し、「それならお前は反日種族主義者」だという反撃がネット上で可能になったことを望ましい現象としてあげている。[*4] 彼らにとって「歴史戦は相手が仕掛けてきた闘い」である。『反日種族主義』は、自身を迫害の被害者とみなす日韓の歴史否定論者たちの確証偏向〔確証バイアス――ある仮説を検証しようとする時、その仮説を支持する情報だけを集め、反証する情報は無視する傾向を意味する〕に一種の保証書を与えたのである。「誠実な韓国人は、迫害を恐れず、それに立ち向かっている」[*5]という、ある日本の市民の評価のように、日本の大衆の間では李栄薫はすでに殉教者的な位置を占めているようである。『反日種族主義』はもっとも良いタイミングで効果的に散布され、嫌韓言説に一種の正当性を付与したのである。

このような現象に対し私を含めたほとんどの研究者らは苦々しい気持ちで笑ってやり過ごそうとしたり、無関心なふりをしながら自分の位置を守ろうとした。一つ一つ対応するためには最新のファクトチェックが必要であるだけでなく、そのうえ不毛な議論に巻き込まれる可能性が高かったためである。こうした中、この本の著者である康誠賢は、『反日種族主義』の問題点とこの現象の拡大可能性について予見し、素早く対応してきた。彼は歴史社会学者として、特に国家暴力の過去事を研究する社会学者として『反日種族主義』が提示する史料と解釈のフレームを集中的に検討し前面から反論を提起した。「慰安婦」を性奴隷ではなく公娼制下の職業的売春婦であったと規定し、「慰安婦」被害者の文玉珠《ムン・オクチュ》の証言を「反日種族主義」批判のために活用する李栄薫の選別的な史料の扱い方に対し、豊かで脈絡に沿った史料読解の方法を自ら実践してみせた。この間、「慰安婦」問題に関する米軍資料を発掘し、被害者の声に向き合ってきた康誠賢だからこそ可能な作業であった。

康誠賢の作業をはじめとして韓国内では『反日種族主義』に対する反論が何度か行われてきたが十分ではない。実証主義的な反論が重要なのは言うまでもないが、現象としての歴史否定の核心を突く文化論的・認識論的な分析は始まったばかりである。プロローグとエピローグで彼が書いたように、ポスト真実の時代のいわば「否定の実証主義」、あるいはファクトに対する冷笑主義をどのように乗り越えられるだろうか。もちろんこれは韓国だけではなく、現在、多くの先進国がはらんでいる共通の課題であろうが、特にポストコロニアル・冷戦・地球化が同時に起こっている韓国社会のダイナミックな現実は、過去事問題を取り巻く葛藤が今後も持続することを予言している。

日韓の歴史否定論の同時代性

このような韓国の現実を日本の文脈とつなげてみると、よりはっきりとした構図が浮かび上がる。著者が繰り返し指摘してるように李栄薫をはじめとする韓国のニューライトは、歴史否定を繰り返す日本の右派と手を結んで活動領域を広げており、今後もその可能性が高い。

日韓の同時代的な流れを追跡してみると、2005年の韓国ニューライトの結集と2019年「反日種族主義」現象は、日本で1997年の「新しい歴史教科書をつくる会」（以下、つくる会）結集と2013年の「慰安婦」に関する国際的な歴史戦の展開などと呼応関係にあると言える。すなわち2005年の韓国ニューライトの結集が盧武鉉《ノ・ムヒョン》政権の過去清算の制度化に対する反発を大きな動力としていたならば、日本のつくる会の結集は、1994～95年に「慰安婦」問題と植民地支配責任に言及した河野・村山談話、より広くは戦後50周年を迎えたリベラル勢力の戦後の見直しを背景としていた。付け加えるならば、在日朝鮮人の参政権運動やフェミニズム運動が一定の成果をもたらしていたのもこの時点である。歴史修正主義の噴出は、「慰安婦」問題、在日朝鮮人、フェミニズム、そしてそれらを支持する「リベラル」勢力全般に対するバックラッシュという性格を持っていた。

その後の日本の右派たちの歩みはまさにスペクタクルであった。つくる会をはじめとした歴史修正主義は２０００年代に入り広範囲なネット右翼へと拡大し、その過程で「在日特権を許さない市民の会（在特会）」のような憎悪を肥大化させたモンスターも登場した。今日、安倍政権〔当時〕の背後で活躍する全国的な宗教右派ネットワークである「日本会議」もまた90年代の歴史修正主義のかたわらで活動を始め、日本最大の右派勢力に成長した。韓国でもよく知られているつくる会・在特会・日本会議は、それぞれ異なる活動を展開しながらも互いに連動しつつ歴史修正主義の大きな流れを作ってきた。２０００年代に入り歴史修正主義はより明確に歴史否定現象を示してきた。

二つ目の転換点としての２０１３年以後、右派たちが国際的な舞台で「歴史戦」を始めた契機はやはり「慰安婦」問題であった。２０１３年から２０１５年まで見ても、米国カルフォルニアのグレンデールの「慰安婦」の碑の設置に対する訴訟、「慰安婦真実国民運動」結成、日本政府内に「河野談話」検討チームの設置、吉田清治証言をめぐる圧迫と証言取り消し、右派たちの国連進出、そして12・28の日韓「合意」まで、まさに「慰安婦」問題は日本の右派たちの「主戦場」となった。[*6] １９９７年と２０１３年は共通して、その数年前に非自民政権を経験したという点、日本社会が大地震を経た後であったという点にも注目できる。重要なことは、この過程が日本の「リベラル」勢力が対抗的な力を次第に失っていく過程でもあったという点である。この点は、この間、徐京植《ソ・キョンシク》、金富子《キム・プジャ》、鄭栄桓《チョン・ヨンファン》などの在日朝鮮人研究者たちが批判的に指摘してきた点である。

日本で歴史否定論の大衆化が進んでいることは、漫画をはじめとしたサブカルチャーの影響が大きい。たとえばジャーナリストの安田浩一は、１９９０年代の後半に入り後輩記者たちが右派の代表的な漫画家である小林よしのりを賞賛したり、「慰安婦」に対する疑心を示し始めたことを回想している。[*7] 小林は週刊誌など軽い保守系雑誌で天皇制、改憲、愛国主義、歴史否定などのコンテンツを熱心に拡散してきた。彼が新しかったのは、漫画という媒体を通じて歴史に介入した点、そして市民たちの心情を代弁するように反エリート主義やアマチュアリズムを実践したという点にある。[*8] １９９０年代の彼の歩みはファクトの検証よりも大衆の感性を刺激し、「素朴な普通の人々の情緒」(李栄薫)を打ち立てるポスト真実の時代の歴史否定論の先駆的な事例である。日本の歴史否定の大衆化された過程は、韓国社会が経験していることをあらかじめ見せてくれているようである。

もちろん安倍晋三の長期執権によって社会全体の反動化が進んだ日本と、近しい過去に朴槿恵《パク・クネ》政権を倒した経験のある韓国とでは、歴史的経験も社会的動力の点でも多くの違いがある。康誠賢が指摘したように２００５年の時点で韓国のニューライトは植民地近代化論者たちであっただけで、本格的な歴史否定論とはなっていなかった。しかし２０１３年の韓国歴史教科書の国定化運動を見て既視感を覚えた人々が多かったように、韓国のニューライトは日本の歴史修正主義に自らの活路を見出し反撃を始めた。彼らが「従北」を超えて「反日」をターゲットにし始めたことも当然と言わざるをえないのだろうか。

今日、文政権とその支持者たち、そして歴史を語る人々を邪悪な「反日種族主義者」とし、諸悪の根源とみなす彼らは、15年前のニューライト・脱近代化論者たちのレベルからも大きく逸脱している。

第1部の最初の部分に康誠賢が記録した「反日種族主義」現象は私たちの予想を超え続け日々更新されている。これは、はたして彼の杞憂であろうか。現在重要なことはオールドライトとニューライトの区分ではなく、二つの秩序が混じり合いながら、破片化した個々人のネオリベラルな感覚を絶えず再編していることである。歴史の被害者や社会的なマイノリティの位置を政治化されたものとして歪曲し、これを現在の秩序を脅かす存在として特権視する「否定と嫌悪の情動」が瞬間的に繁殖する可能性がある。本書はレッテル貼りのスパイラルに陥りがちな歴史認識をめぐる情況に対して、いかに違う形で介入できるかを模索する実践でもある。

歴史否定とミソジニー

映画『否定と肯定』〔原題 Denial, 2016年〕は、ホロコースト研究者と否定論者との法廷闘争の実話をもとにした作品である。ヒットラーを研究し信奉するイギリスの大学教授デビット・アーヴィングは、「自分はホロコーストについての関心を呼び起こした人間であるのに、『否定論者』という烙印によって名誉を傷つけられた」とユダヤ系のホロコースト研究者を堂々と名誉毀損で訴えた。それだけでなく、映画はアーヴィングの被害者に対する嘲弄、ミソジニー〔女性蔑視〕、人種主義などの性向を描いているが、そうした演出は実際の法廷でのアーヴィングの発言を再現した結果であるという。訴訟を経験した実際の主人公である歴史家デボラ・リップスタットは、アーヴィングがミソジニストであり、一般的に否定論者たちが女性をターゲットにする傾向があると指摘した。[*9]

歴史否定論と人種主義やミソジニーが互いにどのように連動するのかは、今後多くの実証的研究が必要となるが、日韓の歴史修正主義の過程からもミソジニーやジェンダー・バックラッシュとの重要な相関関係を読み取ることができる。教科書運動が一段落した2001年以後、つくる会や日本会議が熱心に展開した運動の一つはジェンダーフリー反対運動であった。1999年男女共同参画社会基本法をはじめとする女性関連の法制化が進み、各自治体で行われた男女共同参画条例制定やジェンダー講座、学校性教育に対するバックラッシュが全国各地で突然、増加した。それ以外にも男女混合名簿の廃止、選択的夫婦別姓反対、女性天皇を許す皇室典範改正反対など、既存のジェンダー秩序の変化に反対する運動が展開された[*10]。

このようなバックラッシュと歴史否定論を媒介したのが、まさに日本軍「慰安婦」否定論であった。「慰安婦」問題は歴史否定の代表勢力であるつくる会、在特会、日本会議の誰にとっても重要なイシューであり、彼らは「慰安婦」否定を通じて自身の政治的信念を育ててきたと言っても過言ではない。つくる会のメンバーらは教科書の「慰安婦」の記述を削除させる運動を起こした一方で、保守メディアを主要舞台にジェンダーバックラッシュの主役としても活躍した。彼らは「母性の復権」を叫び、女性たちの自律的領域を否定する一方で、「慰安婦」を売春婦と呼び、被害者と性を売る女性たちを同時に侮辱する言説を再生産してきた。

近年特徴的なことは、「慰安婦」否定論とバックラッシュ運動を女性政治家や活動家たちが担っているという点である。映画『主戦場』を通じ韓国でも顔が知られたニュースキャスターの櫻井よしこ、自民党の極右政治家である杉田水脈、「慰安婦」否定運動を展開する「なでしこアクション」の山本優美子などが代表格であるが、彼女らは歴史を否定する際に女性を積極的に押し出す。性奴隷（sex slave）という言葉が世界的に広がったことを深刻にとらえた彼女らは、在米・在欧の日本人とともに国連でのロビー活動と少女像撤去運動などを展開した。杉田は「男たちがつくった『慰安婦』問題を女性たちが解決する」、「罪を告白しているかのような偽善の男性、こうした人たちを打ち負かすのはやはり女性」であるという歪曲された「女性」主義を活用する。彼女は在特会のような露骨な嫌韓発言や暴力デモこそしないが、日本の加害歴史を否定し、男女平等を「反道徳の妄想」であるとする。天皇制や憲法改正、家族主義を主張しながら、Ｍｅｔｏｏ運動を魔女狩りと呼び、在日朝鮮人、沖縄、ＬＧＢＴ、難民などすべての歴史、人権、福祉を否定するという点で「ネット右翼のアイコン」[*11]であり、バックラッシュの標本となっている。

女性を語りながらミソジニーをあらわにするのは、『反日種族主義』も同様である。李栄薫は家父長による女性の性略取を問題にし、朴槿恵・崔順実《チェ・スンシル》を追い込んだ韓国人が女性を見下す性向を問うているが、彼はすべての葛藤の原因と責任を「反日種族主義者」に転嫁するうえで、女性をアリバイのように活用する。「慰安婦」問題を「種族主義の牙城」とみなす彼は、「性奴隷説を先駆的に主張した研究」として吉見義明と宋連玉《ソン・ヨノク》の研究をあげ反論を提示する。吉見や宋の研究はまさに「慰安婦」制度と公娼制の構造的な暴力の連続性に焦点をあてたものであるが、「慰安婦」が公娼であると強調する李栄薫の結論はまったく逆である。つまり、「慰安婦」であれ公娼であれ基本的に契約であり、選択と移動、廃業の自由があったため性奴隷などではないと述べる。朝鮮の家父長による女性の性略取を繰り返し非難する彼は、なぜ「慰安婦」と業主の関係については「自由」や「契約関係」などの言葉で表すのだろうか。帝国主義や植民地主義を不問に付す李栄薫の近代至上主義には、こうした根本的なダブルスタンダードがある。

李栄薫は既存の「慰安婦」研究が「歴史の複雑性を過度に単純化」していると批判するが、彼は特に韓国内の「慰安婦」関連研究に対して言及も参照もしていない。彼の見解が公娼制から解放後の韓国軍「慰安婦」問題までの多くの先行研究に対する意図的な無視に基づいていることは、康誠賢が本書で詳細に明かしている。「慰安婦」活動家や研究者たちを、「無知と偏見にとらわれた扇動家」として歪曲する李栄薫の文章からは、資料調査と証言の聞き取り、被害者の支援活動を横断しながら「慰安婦」問題を世界的なイシューに発展させてきた人々に対するいかなるリスペクトも見られない。彼らのほとんどが女性であるという事実は偶然ではない。

李栄薫は「慰安婦」関連研究と資料を読み込む中で、次第に性奴隷説から遠ざかっていったと述べている。この点に疑いを持たざるをえない。それは、『反日種族主義』全体が性奴隷説を否定するために資料を配置し、論理を展開しているからである。康誠賢は本書の第3部で李栄薫が連合国の捕虜審問資料をいかに選別的に活用したのかを、クロス分析と構造分析という歴史研究の方法論を通じて見せている。また李栄薫が「慰安婦」被害者の文玉珠の証言をいかに自らの主張に合わせて奪い取ったのか、証言の多層性や証言者と記録者の共同性と関係性を想像しながら文脈的に読み込んでいく。

文玉珠の証言は「恐ろしい経験と輝かしい場面、家族を養うために頑張った場面などが交差し同居している」と康誠賢は述べている。証言は個別の経験に対する自己解釈の過程であり、またそれを聴く人との相互作用を通じて経験を構造化し、自らの歴史を回復する過程である。戦時性暴力の被害者にとって、それがどれだけ苦痛を伴う過程であるのかは想像を絶する。

それなのに李栄薫は、証言に到達した被害者の決断を扇動家たちによるものと断定し、証言によって被害者たちの「辛くても甲斐ある人生」が失われたとまで述べる。苦しい過去を隠すことが「素朴な普通の人々の情緒」であると語るその俗念に対する寛大さは何だろうか。また、他の著者である朱益鐘《チュ・イクチョン》にいたっては、「慰安婦は単に不幸でかわいそうな女性」であるとし、1990年代に入りようやく口を開くことができた加害/被害の当事者たちの決断を「詐欺劇」と「ニセモノの記憶」として貶める。彼は人間と歴史に対する皮相的な認識と態度を堂々と紙面に晒している。平易な文章によって人々の間のネガティブな情動と結託しながらこれを再編していく彼らの論は、まさに反知性主義と呼ぶにふさわしいものである。

彼らは脱冷戦期の国際関係の変化、その中で過去事をめぐる記憶や証言が世界的に学問的関心を集めた状況を理解できないでいる。被害者たちが「二重三重の抑圧を突き抜け運動を通じてどのように自らが主体となったのか」(本書、36頁)という、その画期的な意味をまったく理解していない。植民地近代化論者であれ、反共主義者であれ、個人の思想的信念を超えて、彼は冷戦時代に抑圧された被害者やマイノリティの声を聴く耳を持たないばかりか、世界史的な時代状況の変化を「客観的に」見ることすらできない。何より運動と証言によって被害者が不幸になったとみなす彼らの認識の根底には、被害者たちを最後まで無力化し非主体化させるミソジニーが横たわっている。

「慰安婦」問題が日韓関係や東アジアを越えて国際的に広がりをもった背景には、いうまでもなくフェミニズムの高まりや被害者を救済する人権思想の発達が密接に関わっている。逆にMetoo運動が特に韓国で高まりを見せたのも、「慰安婦」問題が到達した被害者たちの語り（speak out）とそれに耳を澄ますことの相互作用が社会的に蓄積された結果でもある。こうしたことを無視したまま、自らの主張のために「慰安婦」問題を動員する議論に対しては多角的な検討が必要である。日本の右派たちと同じように、李栄薫をはじめとする『反日種族主義』の著者たちにも「慰安婦」問題が常に否定論の核心であったという点は、ミソジニーの観点からもより一層注目するべきである。

自己否定としての韓国の歴史否定論

最後に、この本を通じて私たちは韓国の歴史否定論の持つ独特の性格をもう一度考えてみることができるだろう。本書が指摘したように、現在、日韓の右派が攻撃し嫌悪する共通の対象は、一言で言うと「反日」である。「反日」というものさしは、すでに日本では歴史や人権問題を語る人々に対して無限に適用されており、日本の対抗言説をきわめて貧困な政治的想像力の中に閉じ込めている。「反日」という烙印は、既存の秩序に批判的な態度をとる者に対する攻撃であり、虚構の国民的一体性のための過剰防衛の表れであり、言うなればお守りのような呪術的言語としての効果を持っている。

ところが今や韓国人が「反日」を攻撃し、否定する。韓国人が「反韓」ではなく、「反日」を攻撃する時、彼らははたしてどこに位置しているのだろうか。『反日種族主義』は「嘘で積み上げたシャーマニズム的世界観」を韓国の「精神文化」とみなし、「慰安婦」問題の責任を大日本帝国や日本軍ではなく、全面的に「妓生の性を略取した両班の端くれの反日感情」に向けている。これははたして自己反省と言えるのだろうか。韓国の歴史修正主義は、自己反省ではなく、一言で言うと自己否定と自己欺瞞に基づいている。たとえ歴史修正主義がグローバルな現象であるとしても、植民地支配と戦争の加害者ではなく被害を受けた側が語る歴史否定は奇怪かつ欺瞞的である。彼らの非難の矛先は徹底的に外部ではなく内部に向けられている。

その点で韓国のニューライトたちの攻撃対象が「従北」から「反日」へと移行したのは興味深い点である。「パルゲンイ（アカ）」「親北」「従北」という烙印がそうであったように、韓国の右派たちは歴史的に内部の敵に対する攻撃と排除を自らの政治的動力としてきた。しかし時代の変化とともに「従北」フレームの効力が落ちると、より根源的に韓国のアイデンティティを否定する方向に進んだ。このような批判が「種族主義」であるとすれば、日本帝国主義を不問に付し、身内に向けて憎悪を噴出させる彼らの主体のねじれは、植民地的主体の完成形態と言えるのではないか。

本書で康誠賢は「否定と嫌悪は『表現』の問題ではなく『発話』の問題」であると述べる。そして、歴史否定論に対し、ただそれがフェイクであるというよりは「嘘を発話する位置を明らかにし、その嘘の声を相対化する方向で論争を始める」こと（本書、27頁）が重要であると述べる。私もこの点に賛成する。相手を嘘つきであると追い込むだけでは、「真実ゲーム」の消耗戦が展開されるだけである。また「親日派」や「売国奴」といった烙印を押すことで満足する水準からも脱する必要がある。歴史を否定する発話の位置を積極的に問い、その主張が何を否定し、否定によっていかなる効果を発揮するのかを検討する必要がある。本書は否定論の効果が歴史を否定することにとどまらないと述べている。ファクトに対する冷笑、ミソジニー、被害者への侮辱が人間の尊厳の軽視につながっている。歴史は多層的・多面的であるが、だからこそ私たちはなお底辺や周辺の経験への追求を怠ってはならないし、また被害者の語りに力を添える必要がある。否定の時代にいかに歴史を語り、そしてそれ以上にいかに「聴く」ことができるのか。本書が道案内の役割をしてくれることは間違いないだろう。

[原注]

プロローグ

＊1 ミチコ・カクタニ、岡崎玲子翻訳『真実の終わり』集英社、２０１９年、8〜9頁。

＊2 김누리（キム・ヌリ）、「[세상 읽기] 거짓의 시대（[世間を読む] 嘘の時代）」、『한겨레（ハンギョレ）』２０１７年2月26日。

＊3 ミチコ・カクタニ、前掲書、8頁、13頁、34〜44頁。

＊4 정희진（チョン・ヒジン）「해제 포스트트루스 시대의 인간의 조건（解題ポスト真実時代の人間の条件）」、미치코 가쿠타니（ミチコ・カクタニ）、김영선（キム・ヨンソン）訳、『진실 따위는 중요하지 않다－거짓과 혐오는 어떻게 일상이 되었나（真実など重要でない――うそとヘイトはいかに日常となったか）』トルペゲ、２０１９年、１９７頁、２００頁。

＊5 진중권（陳重権）、「진중권의 트루스 오디세이－대중의 꿈을 '사실'로 만든 허구、사실보다 큰 영향력〈1〉'대안적 사실'에 관하여（陳重権のトゥルース・オデッセイ――大衆の夢を『事実』とする虚構、事実よりも大きな影響力1『オルタナファクト』に関して）」、『한국일보（韓国日報）』２０２０年1月16日。

＊6 이진일（イ・ジニル）「독일 역사 수정주의의 전개와 '희생자－가해자'의 전도（ドイツ歴史修正主義の展開と『犠牲者－加害者』の転倒）」、『한일 뉴라이트의 역사 부정을 검증한다（日韓ニューライトの歴史否定を検証する）』２０１９年12月13日、32頁。

＊7 임지현（林志弦）「[기억 전쟁、미래가 된 과거]（1）'기억을 학살하라'…그들이 비극의 여사를 부정하는 법（[記憶戦争、未来になった過去] 1「記憶を虐殺しろ」――彼らが悲劇の歴史を否定

する方法)」、『경향신문（京郷新聞）』２０２０年1月7日。

＊8　김용삼（キム・ヨンサム）「이영훈 교수의《반일 종족주의》독자 여러분에게 드리는 말씀（李栄薫教授の『反日種族主義』の読者のみなさんへ）」、『펜앤드마이크（ペンアンドマイク）』２０１９年8月16日。

第1部

＊1　1部の文章は、康誠賢「한국 역사 수정주의의 현실과 논리（韓国の歴史修正主義の現実と論理）」、『황해문화（黄海文化）』１０５号（秋号）を修正・補完して構成した。

＊2　ユーチューブ「李承晩ＴＶチャンネル」の情報と関連映像を参照のこと（２０１９年９月28日１次検索、11月26日2次検索）。

＊3　김지훈（キム・ジフン）「일본 극우 대변 ‘반일 종족주의’…부끄러운 일본 역진출（日本極右を代弁する「反日種族主義」……恥ずかしい日本逆進出）」、『한겨레（ハンギョレ）』２０１９年８月25日。

＊4　김남중（キム・ナムジュン）「‘우파 독자들’ 부상하나…서점가에 보수 우파 도서 바람（「右派読者たち」浮上するか――書店街に保守右派図書を求む）」、『국민일보（国民日報）』２０１９年８月13日。

＊5　유선의（ユ・ソニ）「류석춘 ‘위안부 망언’ 의 뿌리… ‘반일 종족주의’ 의 역습（柳錫春『慰安婦暴言』の根――「反日種族主義」の逆襲）」ＪＴＢＣ、２０１９年9月25日。

＊6　山口智美・能川元一・テッサ・モーリス‐スズキ・小山エミ『海を渡る「慰安婦」問題――右派の「歴史戦」を問う』岩波書店、２０１６年、１３２頁。

＊7 하종문（河棕文）「넷우익을 통해 본 일본 우경화의 정치 동학（ネット右翼を通じてみる日本の右傾化の政治ダイナミクス）」、『일본비평（日本批評）』18号、2018年2月、259〜262頁。
＊8 하종문（河棕文）「반일민족주의와 뉴라이트（反日民族主義とニューライト）」、『역사비평（歴史批評）』通巻78号、歴史批評社、2007年、184頁。
＊9 前掲論文、185頁。
＊10 신지호（申志鎬）「〈수요프리즘〉집권 세력〝자학사관〟문제있다（〈水曜プリズム〉執権勢力の『自虐史観』に問題がある）」、『동아일보（東亜日報）』2004年9月15日。
＊11 日本会議は1997年に突如として発足した組織ではない。1974年5月に発足した「日本を守る会」と1981年に作られた「日本を守る国民会議」が1997年に統合され、日本会議が結成されたのである。日本会議は神社勢力および新興宗教団体、右派傾向のある学者・文化人・経済人ほかが幅広く参加している。
＊12 山口智美など、前掲書、4頁、101〜103頁。
＊13 이신철（イ・シンチョル）「〝새역모〟와〝교과서포럼〟이 꿈꾸는 세상（「つくる会」と「教科書フォーラム」が夢見る世界）」、『황해문화（黄海文化）』通巻54号、2007年、289頁。
＊14 하종문（河棕文）、前掲論文、2007年、185頁、195頁。
＊15 前掲論文、187頁。
＊16 윤진（ユン・ジン）「한승조 교수 일본 덕에 공산화 안 돼（韓昇助教授、日本のおかげで共産化されなかった）」、『한겨레（ハンギョレ）』2005年3月4日。
＊17 「한승조 교수〝일 기고문 물의 사과〟…고대 명예교수직 사임（韓昇助教授「日寄稿物議謝罪」――高麗大名誉教授職辞任）」、『동아일보（東亜日報）』2005年3月7日。

＊18 「[사설] 일제 지배가 ‘축복’이라는 비틀린 역사관（[社説] 日帝支配が「祝福」であるというゆがんだ歴史観）」、『조선일보（朝鮮日報）』２００５年３月７日。

＊19 「[사설] 제자가 스승을 고발하는 대학의 친일 청산（[社説] 学生が師を告発する大学の親日清算）」、『조선일보（朝鮮日報）』２００５年３月29日。

＊20 教科書フォーラムが編纂した「대안 교과서 한국 근현대사（代案教科書韓国近現代史）」は２００８年に出版された。

＊21 하종문（河棕文）、前掲論文、２００７年、１９０頁。

＊22 이준식（李俊植）「한국 역사교과서인가, 아니면 일본 역사 교과서인가 - 일제 강점기 서술（韓国の歴史教科書なのか、もしくは日本の歴史教科書なのか――日帝強占期叙述）」、『역사비평（歴史批評）』１０５号、２０１３年、71頁。

＊23 前掲論文、73〜74頁。

＊24 홍찬식（ホン・チャンシク）「교학사 교과서에 가하는 몰매, 정당한가（教学社教科書に加えられる袋叩き、正当なのか）」、『동아일보（東亜日報）』２０１３年９月11日。

＊25 김육훈（キム・ユグン）「박근혜 정부의 역사교육정책과 역사교과서 국정화（朴槿恵政権の歴史教育政策と歴史教科書国定化）」、『교육비평（教育批評）』37号、２０１６年、51〜52頁。

＊26 김육훈（キム・ユグン）「누가 교학사 한국 교과서를 지지하나（誰が教学社教科書を支持するのか）」、『역사와교육（歴史と教育）』10号、２０１４年１５６頁。

＊27 前掲論文、１５７〜１６０頁。

＊28 이준식（イ・ジュンシク）、前掲論文、２０１３年、63〜64頁。

＊29 山口智美ほか、前掲書、20〜21頁。

＊30　前掲書、１１３頁。

＊31　前掲書、21〜24頁。

＊32　前掲書、25頁。

＊33　남상구（南相九）「일본 교과서 문제의 역사적 경위와 실태（日本の教科書問題の歴史的経緯と実態）」、『한일관계사연구（韓日関係史研究）』54号、２０１６年、３７２頁。

＊34　前掲論文、３７３頁。서종진（ソ・ジョンジン）「일본 보수세력의 교육 개혁과 교과서 공격（日本の保守勢力の教育改革と教科書攻撃）」、『동북아역사논총（東北亜歴史論叢）』53号、２０１６年、２５７頁。

＊35　장제우（チャン・ジェウ）「한국인은 거짓말쟁이? 반일 종족주의의〝경악〟프롤로그（韓国人は嘘つき?　反日種族主義の『驚愕』プロローグ）」、『오마이뉴스（オーマイニュース）』２０１９年9月2日。

＊36　前掲記事。

＊37　山口智美ほか、前掲書、9頁。

＊38　후지이 다케시（藤井豪）「역사교과서 국정화、과연 역행인가（歴史教科書国定化、はたして逆行なのか）」、『진보평론（進歩評論）』66号、２０１５年、１５８頁。

＊39　김한종（キム・ハンジョン）「지유샤 역사 교과서의 교수・학습적 성격（自由社歴史教科書の教授・学習的性格）」、『역사교육연구（歴史教育研究）』10号、２００９年、１６２〜１６３頁。강화정（カン・ファジョン）「논쟁적 역사수업의 구성 원리와 실천 방안 탐색（論争的歴史授業の構成原理と実践方案探索）」、『역사와교육（歴史と教育）』14号、２０１６年、１４２頁。

＊40　山口智美ほか、前掲書、9頁。

＊41 최우석（チェ・ウソク）「3・1 운동과 조선총독부의 국제언론 대응（3・1運動と朝鮮総督府の国際言論対応）」、『광복 74주년 및 개관 32주년 기념 국제학술심포지엄－국제사회는 3・1운동을 어떻게 보았는가（光復74周年および開館32周年記念国際学術シンポジウム――国際社会は3・1運動をどう見るか）』２０１９年、１５３頁。

第2部

＊1 김용삼（キム・ヨンサム）「이영훈 교수의《반일 종족주의》독자 여러분에게 드리는 말씀（李栄薫教授の『反日種族主義』の読者のみなさんへ）」、『펜앤드마이크（ペンアンドマイク）』２０１９年8月16日。

＊2 前掲記事。

＊3 秦郁彦『慰安婦と戦場の性』新潮社、１９９９年、第7章。

＊4 永井和「破綻しつつも、なお生き延びる『日本軍無実論』」、中野敏男・板垣竜太・金昌禄・岡本有佳・金富子『「慰安婦」問題と未来への責任――日韓「合意」に抗して』大月書店、２０１７年、１１４～１１５頁。

＊5 鄭栄桓『忘却のための「和解」――『帝国の慰安婦』と日本の責任』世織書房、２０１６年、51～54頁。

＊6 吉見義明『日本軍「慰安婦」制度とは何か』岩波書店、２０１０年、11～13頁。

＊7 陸軍省「軍慰安所従業婦等の募集に関する件（陸支密第７４５号、１９３８年3月4日）」女性のためのアジア平和国民基金編『政府調査「従軍慰安婦」関係資料集成』2巻、龍溪書舎、１９９7年、３～7頁。

＊8　これを立証する日本軍と朝鮮総督府の間の暗号文がある。"S-11414" (1945.6.15.) & "S-14807" (1945.8.17.), US NARA RG 457, Entry AI 9032 Box 900~901.

＊9　「악덕 소개업자가 발호 농촌 부녀자를 유괴 피해 여성이 백 명을 돌파한다, 부산형사 봉천에 급행（悪徳紹介業者が発行農村婦女子を誘拐被害女性が百名に突破する――釜山検察奉天に急行）」、『동아일보（東亜日報）』１９３９年8月31日。

＊10　吉見義明、前掲書、35頁。

＊11　吉見義明、前掲書、4～5頁。

＊12　鄭栄桓、前掲書、27頁。

＊13　金富子・板垣竜太『Q＆A 朝鮮人「慰安婦」と植民地支配責任――あなたの疑問に答えます』御茶の水書房、２０１５年、13頁。

＊14　박정애（朴貞愛）「일본군 '위안부' 문제의 강제 동원과 성노예：공창제 정쟁과 역사적 상상력의 빈곤（日本軍「慰安婦」問題の強制動員と性奴隷――公娼制政争と歴史的想像力の貧困）」、『페미니즘연구（フェミニズム研究）』第19巻2号、２０１９年、63～64頁。

＊15　「自由廃業」とは契約期間や前金が残っていても娼妓が廃業できることを意味する。

＊16　吉見義明、前掲書、43～44頁。

＊17　金富子・板垣竜太、前掲書、16頁。

＊18　吉見義明、前掲書、42～43頁。

＊19　안병직（安秉直）翻訳解題『일본군 위안소 관리인의 일기（日本軍慰安所管理人の日記）』イスプ、２０１３年、39頁。

＊20　文玉珠・森川万智子『文玉珠――ビルマ戦線 楯師団の「慰安婦」だった私』２０１５年、梨の木

舎、１０７〜１０８頁。
＊21　前掲書、１０６〜１０７頁。
＊22　안병직（安秉直）翻訳解題、前掲書、40頁。
＊23　金富子・板垣竜太、前掲書、44頁。
＊24　秦郁彦、前掲書、３６６〜３７６頁。
＊25　金富子・板垣竜太、前掲書、19〜20頁。
＊26　鄭栄桓、前掲書、53頁。
＊27　鄭栄桓は秦とは異なり『国民徴用の解説』が収録されている資料集を確認して分析した。前掲書、53頁（『国民徴用の解説』１９４４年、66頁）。
＊28　前掲書、53頁。
＊29　『서울신문（ソウル新聞）』１９４６年5月12日（朴貞愛、前掲書、56頁より再引用）。『중앙신문（中央新聞）』１９４６年7月18日（板垣竜太・金富子、前掲書23頁より再引用）。
＊30　박정애（朴貞愛）、前掲論文、56〜57頁。

第3部

＊1　정진성（鄭鎮星）編『일본군 '위안부' 관계 미국 자료 Ⅱ（日本軍「慰安婦」関係米国資料Ⅱ）』ソニン、２０１８年。
＊2　국사편찬위원회（国史編纂委員会）「해제 - 동남아시아 전구와 위안부 자료（解題——東南アジア全区と慰安婦資料）」、『동남아시아번역심문센터（ＳＥＡＴＩＣ）문서（東南アジア翻訳尋問センター文書）』２０１８年、15頁。

＊3 정진성（鄭鎭星）編、前掲書、515頁。

＊4 前掲書、516頁。

＊5 カール・ヨネダ『アメリカ一情報兵の日記』PMC出版、1989年、109〜110頁。

＊6 정진성（鄭鎭星）編『일본군〝위안부〟관계 미국 자료Ⅰ（日本軍「慰安婦」関係米国資料Ⅰ）』ソニン、2018年、456頁。

＊7 안병직（安秉直）翻訳解題、前掲書、168頁。

＊8 정진성（鄭鎭星）編『일본군〝위안부〟관계 미국 자료Ⅱ（日本軍「慰安婦」関係米国資料Ⅱ）』前掲書、517頁。

＊9 前掲書、517頁。

＊10 前掲書、116頁。

＊11 국사편찬위원회（国史編纂委員会）『일본군〝위안부〟전쟁 범죄 자료집 Ⅴ－동남아시아 번역 심문 센터（SEATIC）문서（日本軍「慰安婦」戦争犯罪資料集Ⅴ——東南アジア翻訳尋問センター文書）』2018年、34頁。

＊12 정진성（鄭鎭星）編、『일본군〝위안부〟관계 미국 자료Ⅱ（日本軍「慰安婦」関係米国資料Ⅱ）』前掲書、518頁。

＊13 前掲書、515頁。

＊14 文玉珠・森川万智子、前掲書、116頁。

＊15 前掲書、171〜172頁。

＊16 前掲書、171頁。

＊17 前掲書、167頁。

＊18　前掲書、１７４頁。
＊19　前掲書、１７４頁。
＊20　前掲書、１７０頁。
＊21　前掲書、１７５～１７６頁。
＊22　前掲書、１７６頁。
＊23　서울대 인권센터 정진성 연구팀（ソウル大人権センター鄭鎭星研究チーム）、『끌려가다、버려지다、우리 앞에 서다 - 사진과 자료로 보는 일본군 '위안부' 피해 여성 이야기 1（連れていかれる、捨てられる、私たちの前に立つ——写真と資料から見る日本軍「慰安婦」被害女性のはなし１）』プルン歴史、２０１８年、１０５頁。
＊24　この章は、서울대 인권센터 정진성 연구팀（ソウル大人権センター鄭鎭星研究チーム）『끌려가다、버려지다、우리 앞에 서다 - 사진과 자료로 보는 일본군 '위안부' 피해 여성 이야기 2（連れていかれる、捨てられる、私たちの前に立つ——写真と資料から見る日本軍「慰安婦」被害女性のはなし２）』プルン歴史、２０１８年、１０５頁に収録された「버마 미치나의 조선인 '위안부' 이야기（ビルマ・ミッチナー朝鮮人「慰安婦」のはなし）」と"The U.S. Army Photography and the 'Seen Side' and 'Blind Side' of the Japanese Military Comfort Women: The Still Pictures and Motion Pictures of the Korean Comfort Girls in Myitkyina, Sungshan, Tengchung", *Korea Journal*, vol.59 no.2, 2019を参考に書き直したものである。
＊25　Kang Sung Hyun and Jung Keun-Sik, "The Organization and Activities of the US Army Signal Corps Photo Unit: Perspectives of War Photography in the Early Stages of the Korean War", *Seoul Journal of Korean Studies*, vol.27 no.2, 2014, p.240.

*26 Chan, Won-Roy, *Buma : The untold story*, PRESIDIO, 1986.

*27 정진성（鄭鎭星）編、『일본군 '위안부' 관계 미국 자료Ⅱ（日本軍「慰安婦」関係米国資料Ⅱ）』前掲書、154頁。

*28 Chan, Won-Loy, 1986, op. cit., p.95.

*29 カール・ヨネダ、前掲書、109～110頁。

*30 서울시・서울대 정진성 교수 연구팀（ソウル市ソウル大鄭鎭星教授研究チーム）『전시회도록 기록 기억－일본군 '위안부' 이야기、다 듣지 못한 말들（展示会図録——記録・記憶——日本軍「慰安婦」のはなし、すべて聞けない言葉たち）』2019年、84頁。

*31 この章は康誠賢「전리품으로 남은 만삭의 위안부（戦利品として残った臨月の慰安婦）」（『한겨레21（ハンギョレ21）』1195号、2018年1月15日）を修正・補完したものである。

*32 종군위안부 및 태평양전쟁 피해자 보상 대책위원회（従軍慰安婦および太平洋戦争被害者補償対策委員会）「박영심 증언（朴永心の証言）」『짓 밟힌 인생의 웨침（踏みにじられた人生の叫び）』1995年、80頁。

*33 서울대 인권센터 정진성 연구팀（ソウル大人権センター鄭鎭星研究チーム）『끌려가다、버려지다、우리 앞에 서다－사진과 자료로 보는 일본군 '위안부' 피해 여성 이야기 1（連れていかれる、捨てられる、私たちの前に立つ——写真と資料から見る日本軍「慰安婦」被害女性のはなし1）』前掲書、94頁。

*34 서울시・서울대 정진성 교수 연구팀（ソウル市ソウル大鄭鎭星教授研究チーム）前掲書、140頁。

*35 종군위안부 및 태평양전쟁 피해자 보상 대책위원회（従軍慰安婦および太平洋戦争被害者補償対

策委員会）「윤경애 증언（尹慶愛の証言）」、『짓 밟힌 인생의 웨침（踏みにじられた人生の叫び）』1995年、9〜10頁。

＊36 前掲書、80〜81頁。

＊37 西野瑠美子『日本軍「慰安婦」を追って——元「慰安婦」元軍人の証言録』1995年、マスコミ情報センター、136頁。

＊38 정진성（鄭鎭星）編『일본군 ʻ위안부ʼ 관계 미국 자료Ⅲ（日本軍「慰安婦」関係米国資料Ⅲ）』ソニン、2018年、72〜74頁。

＊39 朴裕河『帝国の慰安婦——植民地支配と記憶の闘い』朝日新聞出版、2014年。

＊40 《メディアウォッチ》の李ウヒ記者が書いた記事にも紹介された。이우희（李ウヒ）「일 유칸후지、한국 반일 좌파가 공개한 ʻ위안부 학살 영상ʼ 반박 칼럼 게재（日本の夕刊フジ、韓国反日左派が公開した「慰安婦虐殺映像」に反駁コラム掲載）」、『미디어워치（メディアウォッチ）』2018年3月16日。

＊41 신규양（シン・ギュヤン）「국내외 역사 전문가들、"위안부 학살은 신빙성 낮다"（国内外歴史専門家たち『慰安婦虐殺は信ぴょう性が低い』）」、『미디어워치（メディアウォッチ）』2018年3月30日。

＊42 前掲記事。

＊43 本発表のタイトルは「서울대 인권센터 자료 수집 성과 및 과제（ソウル大学校人権センター資料収集の成果と課題）」であった。

＊44 방선주（方善柱）「일본군 ʻ위안부ʼ의 귀환：중간보고（日本軍『慰安婦』の帰還——中間報告）」、韓国挺身隊問題対策協議会真相調査研究委員会編『일본군 ʻ위안부ʼ 문제의 진상（日本軍『慰安

婦』問題の真相）』歴史批評社、１９９７年。

＊45 방선주（方善柱）「미군 자료에 나타난 한인 ‘종군위안부’의 고찰（米軍資料に現れる韓人『従軍慰安婦』の考察）」、『국사관논총（国史館論叢）』37集、１９９２年。

＊46 この文章は*Korea Journal* vol.59 no.2 (2019) に掲載された。

＊47 정진성（鄭鎭星）編『일본군 ‘위안부’ 관계 미국 자료Ⅲ（日本軍「慰安婦」関係米国資料Ⅲ）』前掲書、２２８頁。

＊48 한국정신대연구소（韓国挺身隊研究所）『정신대연구소 소식（挺身隊研究所便り）』第28号、２０００年11月、３頁。

＊49 この章は康誠賢「일본군 위안부、유엔군 위안부、한국군 위안부（日本軍慰安婦、国連軍慰安婦、韓国軍慰安婦）」、『한겨레 21（ハンギョレ21）』１２５５号（２０１９年4月1日）を修正・補完したものである。

＊50 서울시・서울대 정진성 교수 연구팀（ソウル市ソウル大鄭鎭星教授研究チーム）前掲書、２０３頁、２１８頁、２２５頁。

＊51 川田文子『赤瓦の家——朝鮮から来た従軍慰安婦』１９９４年、筑摩書房、１３０頁。

＊52 이임하（李林夏）「한국전쟁과 여성성의 동원（韓国戦争と女性性の動員）」、김득중（金ドゥクチュン）、강성현（康誠賢）、이임하（李林夏）、김학재（金學載）、연정은（ヨン・ジョンウン）、후지이 다케시（藤井豪）『죽엄으로써 나라를 지키자 -１９５０년대 반공・동원・감시의 시대（死をもって国を守ろう——１９５０年代反共・動員・監視の時代）』ソニン、２００７年、１８０～１８１頁。

＊53 前掲書、１８２～１８６頁。

＊54 김상도（キム・サンド）「6・25 무렵 모윤숙의 미인계 조직 ‘낙랑 클럽’에 대한 미군 방첩대 수사 보고서（6・25頃の毛允淑の美人界組織『楽浪クラブ』についての米軍防諜隊捜査報告書）」、『월간중앙（月間中央）』1995年2月号、215〜217頁。前掲書、185頁より再引用。

＊55 前掲書、186〜188頁。

＊56 박정미（朴正美）「한국 전쟁기 성매매 정책에 관한 연구－‘위안소’와 ‘위안부’를 중심으로（韓国戦争期性売買政策に関する研究――『慰安所』と『慰安婦』を中心に）」、韓国女性学会『한국여성학（韓国女性学）』27号2巻、2011年。

＊57 허재현（ホ・ジェヒョン）「[토요판] 인신매매 당한 뒤 매일 밤 울면서 미군을 받았다（[土曜版]人身売買された後毎晩泣きながら米軍の相手をした）」、『한겨레（ハンギョレ）』2014年7月5日。

＊58 『경향신문（京郷新聞）』1952年2月23日。

＊59 박정미（朴正美）「한국 성매매 정책에 관한 연구－‘묵인－관리 체제’의 변동과 성판매 여성의 역사적 구성、1945〜2005（韓国性売買政策に関する研究――「黙認－管理体制」の変動と性販売女性の歴史的構成、1945〜2005）」ソウル大学校博士学位論文、2011年、80〜81頁。

＊60 前掲論文、118〜119頁。

＊61 前掲論文、149頁。

＊62 前掲論文、175頁。

＊63 홍용덕（ホン・ヨンドク）「명칭부터 반발 부닥친 ‘미군 위안부 조례’（名称から反発にあった「米軍慰安婦条例」）」、『한겨레（ハンギョレ）』2018年8月3日。

エピローグ

＊1 이진일（イ・ジニル）「독일 역사 수정주의의 전개와 '희생자－가해자'의 전도（ドイツ歴史修正主義の展開と『犠牲者－加害者』の転倒）」、『한일 뉴라이트의 역사 부정을 검증한다（日韓ニューライトの歴史否定を検証する）』2019年12月13日、32頁。

＊2 조경희（趙慶喜）「일본의 역사 수정주의・국가주의・백래시의 연동（日本の歴史修正主義・国家主義・バックラッシュの連動）」、『황해문화（黄海文化）』105号、2019年、114～115頁。

＊3 前掲論文、118頁。

＊4 홍성수（洪誠秀）「한국의 역사부정죄 논의와 역사부정죄 법안에 대한 비판적 검토（韓国の歴史否定罪の議論と歴史否定罪法案についての批判的検討）」、『한일 뉴라이트의 역사 부정을 검증한다（日韓ニューライトの歴史否定を検証する）』2019年12月13日、200頁。

＊5 이재승（李在承）「'헤이트 스피치'를 받지 않을 권리－일본 헤이트 스피치 문제 현황의 토론문（『ヘイトスピーチ』を受けない権利――日本のヘイトスピーチ問題の現況に対する討論文）」、『한일 뉴라이트의 역사 부정을 검증한다（日韓ニューライトの歴史否定を検証する）』2019年12月13日、192頁。

＊6 前掲論文、193頁。

＊7 前田朗「'헤이트 스피치'를 받지 않을 권리－일본 헤이트 스피치 문제 현황（『ヘイトスピーチ』を受けない権利――日本のヘイトスピーチ問題の現況）」、『한일 뉴라이트의 역사 부정을 검증한다（日韓ニューライトの歴史否定を検証する）』2019年12月13日、150～170頁。

＊8 홍성수（洪誠秀）、前掲論文、202～209頁。

補論

＊1 石破茂、「単なる反韓・嫌韓本ではなく、現在の韓国を憂えて記した〝憂国の書〟――石破茂「反日種族主義を語る」」、『週刊文春』２０１９年12月19日。

＊2 小倉紀蔵「嫌韓派は『やはり韓国人の歴史認識は間違いだった』と浮かれてはいけない――小倉紀蔵が語る『反日種族主義』」、『週刊文春』２０１９年12月19日。

＊3 池畑修平「日本語版は40万部『反日種族主義』はなぜベストセラーになったか」、『文藝春秋digital』２０２０年1月26日（https://bungeishunju.com/n/ndaf89d7cf73f）。

＊4 「池畑キャスター『反日種族主義』著者・イ・ヨンフン氏にインタビュー」「世界がわかる明日が見える」、ＮＨＫＢＳ１ワールドウオッチング（https://www.nhk.or.jp/kokusaihoudou/bs22/special/2019/12/1216_interview.html）。

＊5 Twitter（s.yamashita12）（https://twitter.com/Yamashita12S/status/1217823575815548928）。

＊6 조경희（趙慶喜）「일본의 역사 수정주의・국가주의・백래시의 연동（日本の歴史修正主義・国家主義・バックラッシュの連動）」、『황해문화（黄海文化）』１０５号、２０１９年。

＊7 安田浩一・倉橋浩平『歪む社会――歴史修正主義の台頭と虚妄の愛国に抗う』論創社、２０１９年、60頁。

＊8 90年代の歴史否定とサブカルチャーとの関係については、倉橋耕平『歴史修正主義とサブカルチャー――90年代保守言説のメディア文化』青弓社、２０１８年。

＊9 「『否定と肯定』歴史を否定する人と同じ土俵に乗ってはいけない」、『GLOBE+』２０１７年12月7日（https://globe.asahi.com/article/11532409）。

＊10 山口智美「官民一体の『歴史戦』のゆくえ――男女共同参画批判と慰安婦否定論」、『海を渡る慰

安婦問題――右派の「歴史戦」を問う』岩波書店、2016年。조경희（趙慶喜）「일본의 #MeToo 운동과 포스트페미니즘（日本の #MeToo 運動とポストフェミニズム）」、『여성문학연구（女性文学研究）』47号、2019年。

*11 山口智美「ネット右翼とフェミニズム」、樋口直人・永吉希久子・松谷満・倉橋耕平・シェーファー、ファビアン『ネット右翼とは何か』青弓社、2019年。

解説

鄭 栄桓

本書は、韓国の社会学者・康誠賢《カン・ソンヒョン》（강성현）の著作『ポスト真実の時代、歴史否定を問う――「反日種族主義」現象批判（탈진실의 시대、역사부정을 묻는다 ‘반일 종족주의’ 현상 비판）』（プルンヨクサ、2020年）の全訳である。

著者は韓国・済州島で1975年に生まれ、東国大学校・ソウル大学校大学院にて社会学を学んだのちに博士学位を取得、現在はソウル近郊の京畿道富川にある聖公会大学校東アジア研究所にて助教授として在職中である。本書の内容からは意外に思われるかもしれないが、著者のもとの研究対象は日本軍「慰安婦」制度ではなく、解放から分断、そして朝鮮戦争にいたる時期の思想統制と国家暴力であった。修士論文では、済州島で発生した南朝鮮労働党系の武装隊の蜂起に対し政府の討伐隊が行った鎮圧作戦と、その過程で生じた多数の住民たちへの虐殺事件（済州島四・三事件）を、博士論文では転向した左翼を「啓蒙・指導」するために1949年4月に組織された団体（国民保導連盟）の構成員を、朝鮮戦争勃発直後に韓国軍・警察が大量虐殺した事件（国民保導連盟事件）を歴史社会学の方法を用いて分析した。これらの事件はいずれも分断から戦争にいたる過程で、李承晩《イ・スンマン》政権が自国民を外敵に通じるスパイ（パルゲンイ＝アカ）とみなして虐殺した事件であり、著者はこうした解放後における「アカ」に対する思想統制や国家暴力の系譜を、植民地支配とアジア・太平洋における総力戦、そして戦後東アジア冷戦という時空間に位置づけることを試みた。

著者はこうした問題意識に基づき、現在聖公会大学校にて「人権と平和」、「冷戦文化研究」の講義を担当する一方、同大学校の冷戦平和研究センター長として韓国と東アジアにおける法と暴力の問題についての研究を続けており、『韓国戦争写真の歴史社会学』（鄭根植との共著、ソウル大学校出版文化院、2016年）、『終戦から冷戦へ――米国三省調整委員会と戦後東アジアの新秩序』（編著、チニンジョン、2017年）、『熱戦のなかの冷戦――冷戦アジアの思想心理戦』（編著、チニンジョン、2017年）などの成果を次々に刊行している。また、女性家族部諮問委員、韓国社会史学会運営委員、韓国冷戦学会理事、総合誌『黄海文化』編集委員などを務め、時事週刊誌に積極的に寄稿するなど、現在最も精力的に活動する韓国の知識人の一人であると言えるだろう。

こうした旺盛な研究と言論活動の一環として著者が2020年に刊行した本書は、副題からも明らかなように、李栄薫《イ・ヨンフン》（이영훈）ら6人による著書『反日種族主義――大韓民国危機の根源（반일종족주의 대한민국 위기의 근원）』（未来社、2019年、以下『反日種族』と略記する）を批判した論争の書である。このため、まずは『反日種族』について簡単に触れておかねばなるまい。

『反日種族』の編者である李栄薫は、朝鮮王朝（李氏朝鮮）時代の経済史研究を専門とする歴史学者である。ソウル大学校経済学部教授を経て現在は「李承晩学堂」の校長を務めている。『反日種族』は「李承晩学堂」のYoutubeチャンネルである「李承晩TV」を通じて、2018年12月から45回にかけて放送された連続講義「危機韓国の根源――反日種族主義」および「日本軍慰安婦問題の真実」の講義ノートをもとに刊行された著作である（『反日種族』［日本語版5頁］。以下、同書からの引用は頁数のみ記す)。エピローグとプロローグに加え、「種族主義の記憶」「種族主義の象徴と幻想」「種族主義の牙城、慰安婦」の3部22章で構成され、日本の朝鮮植民地下における経済政策、アジア太平洋戦争期の労務動員・軍事動員、日本軍「慰安婦」制度、日韓会談と請求権協定、親日派の清算など日本と韓国の歴史認識をめぐる争点を扱っている。

『反日種族』がこれらの争点についてどのような主張を展開したかを詳述する余裕はないが、その要旨は李栄薫の「プロローグ　嘘の国」の次の文章に端的に示されている(18〜19頁)。

古代史から現代史に至るまで韓国の歴史学がどのような嘘をついて来たのか、列挙すればきりがないほどです。嘘は主に、二〇世紀に入り日本がこの地を支配した歴史と関連し、誰はばかることなく横行しました。この本で争点に挙げるいくつかを列挙します。朝鮮総督府が土地調査事業を通し全国の土地の四〇パーセントを国有地として奪った、という教科書の記述は、でたらめな作り話でした。植民地朝鮮の米を日本が収奪した、という教科書の主張は、無知の所産でした。日帝が戦時期に朝鮮人を労務者として奴隷にした、という主張は、悪意の捏造《ねつぞう》でした。嘘の行進は日本軍慰安婦問題に至り絶頂に達しました。憲兵と警察が道行く処女を拉致したり、洗濯場の女たちを連行し、慰安所に引っ張って行った、という韓国人一般が持っている通念は、ただの一件もその事例が確認されていない、真っ赤な嘘を土台としたものでした。

この文章からもわかるように、『反日種族』の奇抜さは、植民地近代化論や朝鮮人強制連行の否定にとどまらず、自説とは異なる歴史学者の主張を人を故意にあざむくための「嘘」であると批判するところにある。しかも李栄薫によれば、その「嘘」は、特定の学説を主張した個人にとどまらず、政治や司法、ひいては国民全般に及ぶ「文化」として韓国社会にあまねく浸透している。かような「嘘の文化」の背景には物質主義があり、さらには「韓国の歴史と共に長い歴史を持つシャーマニズム」がある。シャーマニズムの集団は「隣人を悪の種族」とみなすが、韓国人たちは日本を「永遠の仇」と捉える敵対感情」を集団心性として共有している。よって、韓国の民族主義は西洋の民族主義とは異なる種族主義であり、「反日種族主義」である――これが『反日種族』の基本的な認識なのである。

日本ならばいざ知らず、なぜ韓国においてこうした旧時代的な未開／文明の二元論に基づき、韓国人を「嘘の文化」に冒された集団と批判する著書が売れたのだろうか。これがおそらく日本の読者にとって最も不思議な点であると考えられるが、実際、『反日種族』は韓国で刊行されて以来、学界のみならず広く社会的な注目を集め、著者の一人である朱益鍾《チュ・イクジョン》によれば刊行月の2019年7月には2万4000部を、翌8月には8万5000部を売り上げたという。[*1] 少なくとも出版部数という点から見れば、確かに『反日種族』は「成功」をおさめたのである。いったいなぜ、このような現象が生じたのか。

本書の第一の意義は、この問いに正面から挑んだところにある。『反日種族』の刊行以降、少なくない反論の書が刊行された。本書にも紹介されている『日帝種族主義』をはじめ、植民地期の在日朝鮮人史・強制連行史の研究者である鄭ヘギョン、許光茂、趙健、李サンホらによる『反対を論じる――「反日種族主義」の歴史否定を越えて』（図書出版ソニン、2019年12月）のほか、ハンギョレ新聞の記者チョン・ガンスによる『「反日種族主義」の傲慢と嘘』（ハンギョレ出版、2020年7月）、18人の歴史学者による「ニューライト歴史学」への反論の書、又右大学校東アジア平和研究所企画『誰のための歴史なのか――「ニューライト歴史学の反日種族主義論」批判』（プルンヨクサ、2020年8月）などがあげられる。これらの著書はそれぞれの研究分野に即して『反日種族』の主張の誤りを指摘し、反駁したものであるが、『反日種族』のような主張を展開するグループがいかにして形成され、いかにしてその主張が伝播し、そして誰がそれを消費しているのかを正面から問うものではなかった。この空白を埋めんとするところに、本書の問題意識がある。副題が「反日種族主義」批判ではなく、「反日種族主義」現象批判とされているゆえんである。

その際、まず前提として指摘しておかねばならないのは、『反日種族』は韓国人全体に対する文化本質主義的な批判の言辞を多用してはいるが、実際にはその批判は主として歴代の進歩系政権の施策に向けられているという事実である。つまり韓国人の「嘘」を批判しているように見えて、実際には政治的に敵対する党派の主張を批判しているのである。こうした文脈をふまえて改めて本書を読むと、初代大統領の李承晩大統領の業績への絶賛（実際には彼こそが自らの権力保持のために「反日」を最大限利用した人物だったのだが）や、軍事クーデターにより大統領となった朴正熙《パクチョンヒ》（および朴政権期に締結された日韓協定）への好意的な叙述、さらに朴槿恵《パク・クネ》大統領を「嘘によって倒された」とする同情的な評価の政治的含意も自ずと明らかになる。『反日種族』の訴求層が、過去の独裁政権に郷愁を抱く世代や保守政権の支持層であることは容易に想像できる。

だが本書はさらに分析を進める。著者によれば「反日種族主義」現象には三つの層があるという。

第一に右派図書のベストセラー現象、第二にYoutubeなどの新しいメディアプラットフォームにより可能となった波及力、第三に日韓両国の右派による歴史修正主義の連帯である。すなわち出版市場、インターネットとSNS、そして政治運動という三つの空間である。SNSを通して「李承晩TV」などのコンテンツの拡散にいそしむ60年代男性の保守層(文在寅政権に批判的なグループ)にとどまらず、「新親日派」とも呼ばれる若年層のYoutuberたちが第二、第三の李栄薫をめざして扇情的な「歴史戦争」コンテンツに殺到する。こうしたさまざまな世代の人々を保守系の政治団体がネットワーク化する。さらに『反日種族』の著者たちは日本の右派とも連携して主張の拡散に力を注ぐ。『反日種族』が「成功」をおさめ「現象」になりえた背景には、こうした三つの舞台を通した右派の活動がある、というのが本書の主張と言えるだろう。

とりわけ興味深いのは、本書がこうした活動の結集軸となった「教科書右派」の形成過程を日本の歴史修正主義グループと関連させて論じている箇所である。2019年11月に『反日種族』は副題を「日韓危機の根源」と改めて文藝春秋より翻訳出版され、版元によればただちに20万部を突破したという。[*2] 右派の論壇誌のほか、テレビでも時事問題解説者の池上彰が李栄薫のインタビューとあわせて『反日種族』を取り上げた(日曜THEリアル!『池上彰スペシャル!』2020年2月20日)ほか、「解説書」として久保田るり子『反日種族主義と日本人』(文春新書、2020年)が出版されたことに加えて「反日種族」という言葉を冠した便乗本も数冊出版されるなど、韓国のみならず日本でも『反日種族』は多くの読者を得ることになった(2020年10月には続編の『反日種族主義との闘争』も翻訳出版された)。総合誌の特集を一瞥しただけでも明らかなように、「病根は文在寅《ムン・ジェイン》」(『正論』第576号、2

０１９年10月)、「混迷の文在寅政権」(『Ｖｏｉｃｅ』第５０４号、２０１９年12月)、「韓流〝手のひら返し〟にご用心」(『ＷｉＬＬ』第１８１号、２０２０年1月)、「文在寅の『反日種族主義』!」(『Ｈａｎａｄａ』第44号、２０２０年1月)など、日本のメディアもまた文在寅政権を批判する文脈でこの本を取り上げている。こうした日本における『反日種族』の受容の問題点については本書所収の趙慶喜《チョウ・キョンヒ》氏の論考を参照していただきたいが、本書はこうした日韓の保守派の言説の類似性・同時代性の背景を日本の読者が知るうえでも有用であろう。

　本書の第二の意義は、日本軍「慰安婦」問題に関する『反日種族』の主張に対し、著者自身が近年調査と分析を進めた史料に基づき論駁しているところにある。すでに述べたとおり、著者は解放後の思想統制と国家暴力の研究からそのキャリアをスタートさせたのであるが、近年は国史編纂委員会やソウル市の研究資金を得て、米国や英国などの日本軍「慰安婦」関係資料の共同研究を推進し、２０１７年には米国の国立公文書記録管理局(ＮＡＲＡ)で朝鮮人「慰安婦」を写した映像を発見している。これらの研究の成果は資料集として公刊されたほか、一般読者を対象とした書籍『連れていかれる、捨てられる、私たちの前に立つ――写真と資料から見る日本軍「慰安婦」被害女性のはなし１・２』(編著、プルンヨクサ、２０１８年)も出版されている。『反日種族』への反論にとどまらず、写真や映像、文書、そして証言をいかに読み解き、解釈するかについての著者の見解は、歴史学や社会学などのディシプリンを越えて、この問題に真摯に向き合おうとする人々にとって貴重な考察の手がかりを与えてくれるだろう。

　最後に本書が十分に触れていない「徴用工問題」について若干の補足をしておかねばならない。

『反日種族』に対する本書の反駁は日本軍「慰安婦」問題に限られている。これは『反対を論じる』『「反日種族主義」の傲慢と嘘』などの先行する批判書が触れているためと思われるが、近年の日韓の外交的対立の背景には２０１８年10月30日に韓国の大法院が下した判決（以下、大法院判決）があり、日本における『反日種族』への歓迎もこうした文脈を抜きには理解できないため、ここで触れておくことにしよう。

『反日種族』は大法院判決を「嘘」であると強く批判する。すなわち、大法院判決は朝鮮人強制動員を「日本の不法な植民地支配や侵略戦争の遂行に直結した日本企業の反人道的不法行為」と位置づけ、被告たる新日鉄住友金属株式会社（現・日本製鉄）に強制動員被害者に対して慰謝料を支払うよう求めたが、判決の「基本的事実関係」に関する記述に「嘘」があるというのである（20頁）。李栄薫の見立てによると、「日本製鉄が原告に賃金を支払わなかったという主張は成立しない」、原告の手に賃金が届かなかった責任は通帳とハンコを保管していた舎監にある可能性が高いが、実際には「舎監を取り調べてみないことには分からない」。この事件は原告と企業ではなく、「原告と舎監の間の民事事件である」からだ（21頁）。原告の主張は「嘘の可能性」が高く、真実か確認する手立てがないのに大法院は企業の責任を追及した。これもまた裁判官たちが「幼いときから嘘の教育を受けて来たため」である（22頁）。こうした大法院判決に対する李栄薫の批判が、日本の人々に歓迎されたことは想像に難くない。

だが『反日種族』のこうした大法院判決批判にはその前提から誤りがある。韓国の法学者・金昌禄《キム・チャンロク》慶北大学校教授の批判を紹介しよう。[*3] 金昌禄によれば、そもそも大法院において李栄薫が批判する

「基本的事実関係」は争われていない。被告側が事実関係を争おうとしなかったからである。そして戦時期の日本製鉄における原告たちの労働が「強制労働」に該当し違法であることは、韓国ではなく、日本の裁判所が認定した事実であった。これらの経緯から、被告の企業側は事実関係については争わなかったと考えられる。李栄薫は大法院が専門家を呼ばなかったことを批判するが、専門家証言は事実関係に争いがあるときに求められるのであるから、大法院が原告の主張をもとに事実認定したことに問題はないのである。むしろ問題は何らの具体的な証拠も示さずに、原告の主張が「嘘の可能性」が高いとした李栄薫の決めつけであり、これは金昌禄の指摘するとおり、強制動員被害者に対する「明白な侮辱」と言わざるをえないだろう。[*4]

また、朝鮮人強制連行・強制労働について『反日種族』では李宇衍《イ・ウヨン》が3章を割いて論じており、「強制動員」は「神話」であり、「強制労働」「奴隷労働」は存在せず、「賃金差別」もなかった、と主張している（第4章〜第6章）。これまでの研究は、朝鮮人強制連行を日本人に対する動員と質的に区別するものとして、暴力的な強制移動＝強制連行、強制労働、そして待遇や賃金、戦後処理における民族差別の三つの要素を指摘してきたが、李宇衍はこれらをすべて否定したのである。[*5]李宇衍は２０２０年4月に刊行された『ソウルの中心で真実を叫ぶ』（金光英実訳、扶桑社）において、より詳しく自説を展開している。

李宇衍のこうした主張の妥当性については、強制動員真相究明ネットワークの竹内康人による検証と批判がある。[*6]ここでは大法院判決に関連する論点を紹介したい。李宇衍は強制動員・強制労働を「歴史的虚構」とするが、この主張は強制連行を拉致に、強制労働を無賃金労働に狭く限定するという概念の操作によって可能となっており、詐欺や欺罔《きもう》、甘言や暴力による動員から目を逸らすものであって「強制性を隠蔽するトリックにすぎない」と竹内は批判する。[*7] また、裁判の原告の主張を「嘘」とする主張についても、原告らは日本製鉄が1944年1月に軍需会社に指定されたことにより徴用扱いとなっており、意思に反する労働があったことは事実である。また、李宇衍は原告が賃金を受け取った可能性を示唆してその主張を「嘘」と疑うが、実際に原告の一人の未払い金は供託文書によれば、数か月分の給与に値する額であり十分に未払いを主張しうる、という。これらの問題点をふまえて、竹内もまた李宇衍の主張は「原告の尊厳を侵す行為」と強く批判している。[*8] 竹内論文ではこのほかにも女子勤労挺身隊の事例をはじめ、李宇衍の他の論点についても網羅的に批判を展開しているが、残念ながら紙幅の都合上すべてに触れることはできないため、ぜひ当該論文を実際に手に取って内容を確認していただきたい。

1990年代以来、日本の植民地主義と侵略戦争の加害への責任、そして戦後においてもそれに向き合ってこなかった日本の責任がアジアの人々から鋭く問われてきた。それから30年近くが経った今、戦後補償裁判に臨んだ原告の人々のほとんどはすでに亡く、ようやく勝訴にいたった「徴用工裁判」の原告たちの喜びは日韓関係を悪化させた元凶であるかのように扱われている。それどころか加害の事実を偽りの「栄光の歴史」によって塗り替えようとする人々が大手を振り、被害者たちの最後の叫びすら「嘘つき」呼ばわりする著作がベストセラーになるのが今日の日本の現状である。なぜここにたどり着いてしまったのだろうか。私たちの同時代史の軌跡を、改めて最深部から問い直すことが求められている。本書はそのための重要な糧となるだろう。

本書の著者・康誠賢氏と初めて知り合ったのは２００３年、まだお互いに大学院生の頃であった。私は在日朝鮮人の歴史を、康氏は済州島四・三事件の歴史を専攻しており、朝鮮戦争という経験をめぐる若手研究者のシンポジウムで出会ったと記憶している。暮らしているところや、研究する場所は日本と韓国に分かれており、直接会うことすらままならない時期もあったが、交流と対話を続けることができ、こうして日本語版の刊行に立ち会うことができたのは望外の喜びである。本書を翻訳してくださった古橋綾さん、補論の再録を快諾してくださった趙慶喜さん、内容について貴重な助言をしてくださった吉見義明さん、そして本書の出版を引き受けてくださった大月書店の角田三佳さんにこの場を借りて感謝申し上げたい。

注

＊1　주익종「《반일 종족주의》 출간 8개월 매도와 폭행은 있었지만, 토론은 없었다」、『Daily 월간조선 뉴스룸』２０２０年３月（http://monthly.chosun.com/client/news/viw.asp?ctcd=A&nNewsNumb=202003100040&page=1（２０２０年10月8日確認）。

＊2　「『反日種族主義』日本の部数が20万部突破」文藝春秋ＢＯＯＫＳ（２０１９年11月18日）https://books.bunshun.jp/articles/-/5142（２０２０年10月8日確認）。

＊3　김창록「대법원 '강제동원 판결' 공격은 문제투성이」、우석대학교 동아시아평화연구소 기획『누구를 위한 역사인가 '뉴라이트 역사학의 반일종족주의론' 비판』푸른역사、２０２０년、98～99頁。

＊4　同右論文、99頁。

＊5　朝鮮人強制連行の研究史については、金英達『朝鮮人強制連行の研究』（明石書店、2003年）、古庄正・樋口雄一・山田昭次『朝鮮人戦時労働動員』（岩波書店、2005年）、外村大『朝鮮人強制連行』（岩波新書、2012年）を参照。

＊6　竹内康人「『強制労働はなかった』・歴史否定のトリック」、『RAIK通信』第178号、2020年6月。あわせて竹内康人『韓国徴用工裁判とは何か』（岩波ブックレット、2020年）も参照。

＊7　竹内康人「『強制労働はなかった』・歴史否定のトリック」13頁。

＊8　同右論文、14頁。

【追記】　本書は2020年11月6日に韓国の学術賞である林鍾國《イム・ジョングク》賞（第14回）を授与された。この章は「親日派」の研究に生涯を捧げた林鍾國の業績を讃え、その志を継承した研究や社会活動に対し、林鍾國先生記念事業会が授与するものである。

監修者

鄭栄桓（チョン・ヨンファン）

明治学院大学教養教育センター教授。専攻は朝鮮近現代史・在日朝鮮人史。著書に『朝鮮独立への隘路――在日朝鮮人の解放五年史』（法政大学出版局，2013年），『忘却のための「和解」――『帝国の慰安婦』と日本の責任』（世織書房，2016年），『いま，朝鮮半島は何を問いかけるのか――民衆の平和と市民の役割・責任』（共著，彩流社，2019年）等。

訳者

古橋綾（ふるはし　あや）

東京外国語大学大学院非常勤講師・立教大学兼任講師。専攻は歴史社会学，ジェンダー研究。著作に「『慰安婦』問題と韓国のフェミニズム」（北原みのり編『日本のフェミニズム――since1886 性の戦い編』河出書房新社），「韓国基地村米軍慰安婦国家損害賠償請求訴訟一次判決」（『季刊戦争責任研究』88），「現代韓国フェミニズム」連載（『POSSE』43号～，堀之内出版，2019年～）等。

補論執筆者

趙慶喜（チョウ・キョンヒ）

聖公会大学校東アジア研究所助教授。専攻は社会学，植民地主義・マイノリティ研究。主な著作に『主権の野蛮――密航・収容所・在日朝鮮人』（共編著，ハンウル，2017年），「裏切られた多文化主義――韓国における難民嫌悪をめぐる小考」（『現代思想』2018年8月）等。

著者
康誠賢（カン・ソンヒョン）
聖公会大学校東アジア研究所助教授，冷戦平和研究センター長。韓国冷戦学会理事，韓国社会史学会運営委員，季刊『黄海文化』編集委員を務めている。社会学者でありながら韓国の近現代史に高い関心を持ち，歴史学を学ぶ。韓国と東アジアの思想統制や転向，公安，法と暴力，戦争とジェノサイド，過去清算，占領と軍政について研究してきた。最近は日本軍「慰安婦」問題や戦争犯罪，アジアの文化冷戦について米国や英国などのアーカイブで資料調査を行っている。主な著作に，『連れていかれる，捨てられる，私たちの前に立つ1・2』（共著，2018年），『終戦から冷戦へ』（共著，2017年），『熱戦の中の冷戦，冷戦の中の熱戦』（共著，2017年），『韓国戦争写真の歴史社会学』（共著，2016年），翻訳に『ジェノサイドと記憶の政治』（2009年）がある。

DTP　岡田グラフ
装幀　金子眞枝

歴史否定とポスト真実の時代
――日韓「合作」の「反日種族主義」現象

2020年12月15日　第1刷発行

定価はカバーに
表示してあります

監修者　鄭　栄桓
訳　者　古橋　綾
発行者　中川　進

〒113-0033　東京都文京区本郷 2-27-16
発行所　株式会社　大月書店
印刷　三晃印刷
製本　中永製本
電話（代表）03-3813-4651　FAX 03-3813-4656　振替00130-7-16387
http://www.otsukishoten.co.jp/

ISBN978-4-272-51013-9　C0020　Printed in Japan